DAME GUILLOTINE

Aux lecteurs de la première partie de cet ouvrage.

QUAND j'ai formé le projet de retracer aux yeux des sans-culottes parisiens, l'immense collection de mes faits et gestes, je ne m'attendois pas au nombre infini d'interpretes qui se présenteroient de mon *compte rendu*.

Mais ces comptes rendus ne sont pas les miens. J'ai veillé moi-même à ma narration, et mon détail est exact. Eh! qui mieux que moi, pouvoit connoître les noms, âges, qualités des ci-devant et délits de ceux que j'ai amoureusement pressés dans mes bras, et que j'ai bréveté pour l'autre monde. Ce n'est point ici une addition vague, c'est absolument un compte fidélement rendu avec plus d'exactitude, que n'en avoit autrefois dans un régime barbare un abbé contrôleur, qui, à quelques zéro près, additionnoit la perte de la France.

L'accueil que mes lecteurs ont fait à ce même compte rendu, m'engage à poursuivre; et cette seconde partie toute aussi intéressante que la premiére, devient un aliment de plus pour la curiosité: *têtes en rabats*, *têtes militaires*, *têtes ministérielles*, *têtes ci-devant couronnées*, *têtes financieres*, *têtes marchandes*, *têtes d'épiciers*, *boulangers*, &c. &c. vont ajouter à cette liste ; et si la récolte est bonne, comme j'ai droit de l'espérer, je compte en fournir aux bons républicains, une vaste encyclopédie.

Ma très-chere sœur de Lyon, acquiert aussi beaucoup de célébrité. Je suis quelquefois jalouse de la rapidité de ses travaux, quoique n'ayant pas les bras aussi longs que moi, et n'atteignant pas d'aussi loin. Je vais entretenir une correspondance avec elle, et donner à mes prosélytes *le compte rendu* de ses gentillesses.

J'ai une sœur cadette à Bordeaux, qui est une paresseuse. Ses expéditions sont lentes; au premier moment je lui en ferai des reproches. Il est si doux d'exterminer cette vermine aristocratique, que j'enrage quand ma parenté reste inutile dans un hangard, ou sous une remise; je voudrois continuellement voir ma famille, en opération sur une place publique. C'est ainsi que doit penser une sœur aînée, qui n'a rien tant à cœur que la félicité républicaine.

Agioteurs maudits, spéculateurs criminels, engeance infâme, je vous attends, je vous désire, je brûle de vous prodiguer mes tendres caresses, votre dernier soupir ne peut que combler mes espérances. Riches affamés du sang du peuple, je compte accaparer quelques palettes du vôtre. *Ainsi soit-il.*

LISTE

Des noms & demeures des citoyens qui composent le tribunal révolutionnaire, d'après le décret du 26 septembre 1793, l'an second de la république française.

PRESIDENT DU TRIBUNAL.

LES CITOYENS

Hermann, prés. du tribunal du Pas-de-Calais.

VICE-PRESIDENT.

Dumas, de Lons-le-Saulnier, dép. du Jura.

JUGES.

Sellier, juge au tribunal.
Dopsen, *idem.*
Brûlé, juge au tribunal du 5ᵉ arrondissement du dép. de Paris, séant à Sainte-Genevieve.
Coffinhal, juge du tribunal.
Foucault, *idem.*
Bravetz, juge dans le dép. des Hautes-Alpes.
Deliège, juge au tribunal.
Subleyras, greffier du tribunal du district d'Usez, dép. du Gard.
Celestin le Fetz, administ. du district d'Arras.

Verteuil, substitut de l'ac. public près le trib.

Lanne, procureur-syndic du dist. de S. Pol.

Ragmey, homme de loi, de Lons-le-Saulnier.

Masson, premier commis du greffe du tribunal.

Denizot, juge du tribunal du 5e arrondissement.

Harny, auteur de la pièce intitulée la *liberté conquise.*

David, de Lille, député suppléant à la convention nationale.

Maire, juge du tribunal du premier arrondissement.

ACCUSATEUR PUBLIC.

Fouquier-Tinville.

SUBSTITUTS.

Fleuriot-Lescot, substitut au tribunal.

Guébauval, juge au tribunal.

Royer, envoyé par l'assemblée primaire de Châlons-sur-Saône.

Naulin, commissaire national du cinquiéme arrondissement de Paris.

Lindon, juge au troisiéme tribunal.

JURÉS.

Antonelle, ex-député des Bouches-du-Rhône à l'assemblée législative.

Benoitrais, de la ſection du Muſéum.

Servières, cordonnier de la même section.

Fauvetty fils, de la ville d'Usez, envoyé par l'aſſemblée primaire de la ſection des Sans-Culottes du dép. du Gard.

Lumière, membre du comité révolutionnaire de la ſection du Muſéum.

Fauvel, de la section du Panthéon, rue S. Jacques, n°. 41.

Auvray employé aux diligences, section du Mail.

Fainot, électeur de Paris.

Gauthier de Chesne-Chenu, département d'Eure & Loire.

Renard, de la ſection du Contrat-Social.

Renaudin, luthier, ſection des Gardes-Françaiſes.

Meyére, membre du directoire du département du Gard.

Châtelet, peintre, ſection des Piques.

Clémence, commis aux aſſignats.

Gérard, artiſte, rue des Poulies, près du Louvre.

Fiévé, du comité révolutionnaire de la ſection du Muſéum.

Léonard Petit-Treſſein, de Marſeille.

Trinchard, de la ſection du Muſéum.

Toping Lebrun, de Marseille, au Louvre.

Pijol, membre du comité de surveillance, rue Contrescarpe.

Girard, orfévre, rue Saint-Honoré.

Fourberbiel, chirurgien, rue Saint-Honoré.

Tresselin, tailleur d'habits, rue du Rempart S. H.

Didier, serrurier, à Choisy-sur-Seine.

Sambat, peintre.

Viliate, rue du Bac.

Klispis, jouaillier, rue Saint-Louis au Palais.

Chrétien, actuellement juré.

Leroi, *idem.*

Thoumi, *idem.*

Paul-Jean-Louis Laporte, administrateur du district de Lacey, département de la Mayenne

Ganney, actuellement juré.

Jourdeuil, *idem.*

Bróchet, *idem.*

Garnier, section de la montagne.

Martin, chirurgien, rue de Savoye.

Guermeur, du département du Finistére.

Dufour, rue de la Bretonnerie.

Mercier, rue du Battoir.

Aubry, tailleur, rue Mazarine.

Compagne, orfévre, dans la galerie du théâtre de la république.

Billon, menuisier, rue du faubourg S. Denis.

Gemond, tailleur, section des Marchés.

Baron, chapelier, cour du commerce.

Prieur, peintre, près la porte S. Denis.

Lhoier, marchand épicier, section du théâtre français.

Duplay père, rue S. Honoré, n°. 336.

Deveze, charpentier, de la section de la république.

Boissot, électeur de Paris.

Maupin, *idem*.

Camus, artiste, faubourg S. Denis.

François-Victor Aigoin, de Montpellier.

Picard, ex-président de la section des Tuileries.

Nicolas, imprimeur, rue S. Honoré.

Dumon, laboureur, à Cahors.

Besson, envoyé des assemblées de S. Dizier, département de la Haute-Marne.

Gravier, vinaigrier, à Lyon.

Payan, du département de la Drôme, employé dans les bureaux du comité de salut public de la convention.

Gilibert, négociant à Toulouse, au coin de la bourse.

Beu, médecin, à Lille.

GREFFIER.

Fabricius, rue des Fossés S. Germain-des-Prés, au café Procope.

COMMIS-GREFFIERS.

Wolff.

Ducray.

Tavernier.

Pesmes.

HUISSIERS.

Boucher, rue S. Dominique, n°. 1056.

Tirrart, rue S. Honoré, n°. 281.

Tavernier, rue de la Monnoie.

Deguaigné, quai de la république, n° 4.

Monet, rue du Contrat-Social.

Auvray, ci-devant rue de Provence, n° 37.

Hervé, rue de Bretagne, n° 7.

Nappier, rue de la Parcheminerie.

INTERPRETE.

Wogt, rue du Roule.

SUITE
DES GLORIEUX TRAVAUX
DU
TRIBUNAL RÉVOLUTIONAIRE.

Audience du vendredi 13 septembre 1793.

Affaire de BERGER.

Interrogé de ses noms, surnoms, âge, qualités, lieu de naissance et demeure :

A répondu se nommer claude-françois Berger, âgé de 65 ans, cultivateur-propriétaire, natif de la Ferté-sous-Jouarre, demeurant dans la paroisse de Charenton, canton de Pouilly, département de la Nièvre.

Le greffier donne lecture de l'acte d'accusation.

Dans cette affaire il n'a point été entendu de témoins ; les débats se sont établis sur les pieces déposées au procès, lesquelles ont toutes été reconnues par l'accusé qui n'a opposé que de foibles moyens aux preuves existantes contre lui. Après quatre heures de débats, le jugement suivant a été rendu.

Le tribunal, d'après la déclaration unanime du jury, portant :

1. Qu'il est constant qu'il a existé dans le département de la Nièvre, un complot tendant à troubler l'état par une guerre civile, en armant les citoyens les uns contre les autres.

2. Que claude-françois Berger, est convaincu d'avoir participé à ce complot par ses écrits et sa correspondance.

3. Qu'il est constant qu'il existe au procès des écrits qui provoquent l'avilissement de la représentation nationale, la dissolution de la république, et le rétablissement de la royauté en France.

4. Que ledit Berger est convaincu d'avoir composé lesdits écrits.

Faisant droit sur les conclusions de l'accusateur public, condamne claude-françois Berger à la peine de mort, conformément à l'article II de la premiere section du titre premier de la seconde partie du code pénal, dont il a été donné lecture, laquelle porte :

« Toutes conspirations et complots tendant » à troubler l'état par une guerre civile, en » armant les citoyens les uns contre les autres,

» ou contre l'exercice de l'autorité légitime,
» sera puni de mort. »

Déclare les biens dudit Berger acquis et confisqués au profit de la république, ordonne que le présent jugement sera exécuté sur la place de la révolution de cette ville, imprimé et affiché par-tout où besoin sera, et dans toute l'étendue de la république.

L'exécution a eu lieu le même jour, à sept heures du soir.

OBSERVATION *sur Claude-François Berger.*

Le Berger dont eſt queſtion, n'eſt pas le *Berger* qui jadis pronoſtiquoit la pluie & le beau tems. A 65 ans, on doit cependant ſavoir à quoi s'en tenir ſur la ſérie des événemens, quand la raiſon en dirige la marche qui ne peut être entravée. C. F. *Berger* nous annonça, par le moyen de ſon théleſcope contre-révolutionnaire, *le période dernier des maux, la contre-révolution forcée, les canailles abattues.* Peuple ſouverain, c'eſt ainſi qu'on te traite. Sans paſſion, ſans animoſité, avec toute juſtice, rogne d'un pied, tous ces ennemis de la liberté.

Audience du jeudi 19 septembre 1793.

Affaire de LÉVÊQUE.

Interrogé de ses noms, surnoms, âge, qualités, lieu de naissance et demeure :

A répondu se nommer louis Lévêque, âgé de 58 ans, ancien président de l'élection de Mortain, département de la Manche, y demeurant ordinairement.

Le greffier donne lecture de l'acte d'accusation.

Après les débats terminés, l'accusateur public et les défenseurs de l'accusé sont entendus; le président a posé les questions qui ont provoqué le jugement suivant :

Le tribunal, d'après la déclaration unanime du jury portant :

1. Qu'il est constant qu'il a existé des intelligences et une correspondance criminelles avec les ennemis de la république.

2. Que louis Lévêque, ci-devant président de l'élection de Mortain, est convaincu d'avoir entretenu ces intelligences et correspondances.

3. Qu'il est constant qu'il a existé à Caen, dans les derniers mois de 1791, une conspi-

ration et complots tendans à troubler l'état par une guerre civile dans la république.

4. Que louis Lévêque est convaincu d'avoir pris part à ces conspirations et complots.

Faisant droit sur les conclusions de l'accusateur public, condamne louis Lévêque à la peine de mort, conformément à l'article II de la seconde partie du code pénal, et encore à l'article II de la premiere section du titre premier de la deuxiéme partie du même code, dont il a été donné lecture; déclare ses biens acquis et confisqués au profit de la république, ordonne que le présent jugement sera exécuté sur la place de la révolution, imprimé, publié et affiché dans toute l'étendue de la république.

L'exécution a eu lieu le même jour, vers les cinq heures du soir.

OBSERVATION ſur *Louis Lévêque.*

Du même pays que l'infernale Charlotte Corday, l'exécrable Louis Lévêque lui trace ſa marche [illegible] ſon parricide. Ses chers amis de Coblentz ne peuvent la ravir à notre dame de *sainte Guillotine.* Semblable au papillon qui ſe brûle à la lumiére, il ſe grille près du flambeau de la juſtice. Ah! raison, divine raiſon, que tous ces conſpirateurs-là ſont bêtes!

Audience des 16, 17 et 21 septembre 1793.

Affaire de SOYER, LIBOIS, GUÉRARD et LÉVEQUE.

Interrogés de leurs noms, surnoms, âges, qualités et demeures :

Les accusés ont répondu se nommer, savoir :

Le premier, antoine Soyer, âgé de 30 ans, natif de Cancadi, ramoneur, demeurant ordinairement dans la ville de Rouen.

Le second, jean-baptiste-marie Libois, âgé de 32 ans, marchand traiteur à Rouen, et être natif d'Argentan.

Le troisième, françois barthélemi Guérard, âgé de 22 ans, commis banquier à Rouen.

Le quatrième, guillaume-thomas Lévêque, âgé de 15 ans, écolier, natif de Rouen, et y demeurant chez son pere.

Après un long débat, les témoins entendus, le jugement suivant a été rendu :

Le tribunal, d'après la déclaration du jury portant :

1. Qu'il est constant que les onze et douze janvier dernier, il a existé dans la ville de Rouen, des attroupemens séditieux, propres à

à y fomenter la guerre civile, en armant les citoyens les uns contre les autres.

2. Qu'il est constant que par l'effet de ceux qui composoient lesdits attroupemens, les cris séditieux de *vive le roi* se sont fait entendre, que des cocardes nationales ont été arrachées et foulées aux pieds, et que les citoyens qui se refusoient à livrer leurs cocardes, ou à crier *vive le roi*, ont été griévement battus et maltraités, que la cocarde blanche a été arborée, que l'arbre de la liberté a été scié et brûlé.

3. Qu'antoine Soyer est convaincu d'avoir participé auxdits excès, qu'il a agi méchamment et avec des intentions contre-révolutionnaires.

4. Que guillaume-thomas Lévêque est convaincu de s'être livré auxdits excès, mais qu'il n'est pas constant qu'il a agi méchamment et avec des intentions contre-révolutionnaires.

5. Que jean-baptiste-marin Libois est convaincu de s'être livré auxdits excès, mais qu'il n'a point agi méchamment et avec des intentions contre-révolutionnaires.

6. Que claude-barthélemi Guérard est convaincu de s'être livré auxdits excès, mais qu'il

n'a point agi méchamment et avec des intentions contre-révolutionnaires.

Faisant droit sur les conclusions de l'accusateur public, condamne antoine Soyer à la peine de mort, conformément à l'art. II du titre Ier. de la premiere section de la deuxième partie du code pénal, dont il a été fait lecture; ordonne que le présent jugement sera exécuté sur la place de la révolution de cette ville, imprimé et affiché dans toute l'étendue de la république.

A l'égard de guillaume-thomas Lévêque, jean-baptiste Libois et claude-barthélemy Guérard, les déclare acquittés de l'accusation, ordonne qu'ils seront sur-le-champ mis en liberté.

L'exécution de Soyer a eu lieu le dimanche 21 septembre, entre onze heures et midi.

OBSERVATION sur *Soyer*, *ramonneur*.

Ici les sans-culottes frémissent de rage. Quoi! dans *la caste* titrée par les ci-devant grands, de populace vile & abjecte, il se trouve un traitre, un esclave vendu aux nobles foudroyés? Ah! *Soyer* : l'honnête indigent qui ne peut que ramonner des cheminées, doit borner là toutes ses fonctions; mais quand il devient l'instrument du crime, il n'en est que plus coupable, plus digne de punition; & le niveau de la loi l'envoie, comme les autres, à tous les diables.

Audience du lundi 12 septembre 1793.

Affaire de MASSON.

Interrogé de ses noms, surnoms, âge, qualités, lieu de naissance et demeure :

A répondu se nommer antoine Masson, être âgé de 41 ans, curé constitutionnel de S. Cernin-du-Plain, district d'Autun, département de Saône et Loire.

Le greffier donne lecture de l'acte d'accusation.

Les témoins entendus, l'accusateur public fait le résumé des charges, après lequel l'accusé et son défenseur sont entendus successivement.

Les questions sont posées par le président ; les jurés se retirent pour en délibérer et leur déclaration est contenue dans le jugement suivant :

Le tribunal, d'après la déclaration unanime du jury, portant :

1. Qu'il est constant que depuis deux ans ou environ, il a été tenu dans la Commune de S. Cernin-du-Plain, des propos tendans à faire enrôler des citoyens pour porter les armes

contre le peuple français, et à les détourner de servir la république, par des promesses et séductions.

2. Qu'il est également constant qu'il a été tenu des propos tendans à provoquer l'avilissement de l'assemblée constituante et des autorités constituées, enfin à fomenter des troubles tant dans l'étendue de la commune de S. Cernin, que dans les autres communes environnantes.

3. Qu'antoine Masson, ci-devant curé de S. Cernin-du-Plain, est convaincu d'être l'auteur de ces propos.

4. Qu'il l'a fait méchamment et avec des intentions contre-révolutionnaires.

Faisant droit sur les conclusions de l'accusateur public, condamne antoine Masson à la peine de mort.

L'exécution a eu lieu le même jour, vers les sept heures du soir.

OBSERVATION fur *Antoine Masson, curé constitutionnel.*

Qu'eft-ce qu'un curé conftitutionnel, ou inconftitutionnel? C'eft un curé. Qui dit curé de l'un ou l'autre genre, annonce le coufin-germain du diable du tems paffé. *Antoine Masson* nous en fournit la preuve. Ce sélérat avoit prêté ferment.... Et ferment de quoi ? d'être le digne imitateur de tous les lâches coquins porteurs de rabat, depuis *Jesus* jusqu'à *amen* ; mais qu'y gagneront-ils ces criminels *tartuffes*, *voleurs*, *fourbes*, *rebelles aux loix*? ils y gagneront un pélerinage sur la place de la révolution. Bravo, coquins, saluez la liberté : elle est pour nous une hostie précieuse.

Audience du mardi 24 septembre 1793.

Affaire de la veuve LEFEVRE.

Interrogée de ses noms, surnoms, âge, qualités, lieu de naissance et demeure :

A répondu se nommer louise-catherine-angélique Ricard, veuve Lefèvre, âgée de 56 ans, vivant de ses revenus, native de Fécamp, département de la Seine inférieure, demeurant ordinairement à Chartres, et depuis trois semaines à Paris, rue de Grenelle S. Honoré, à l'hôtel de la paix.

Le greffier donne lecture de l'acte d'accusation.

Les témoins entendus, les débats terminés, l'accusateur public expose le résumé des charges et débats. Chauveau, défenseur de l'accusée, est entendu en sa plaidoierie : le président pose les questions sur lesquelles les jurés, après en avoir délibéré, ont fait la déclaration contenue dans le jugement suivant :

Le tribunal, d'après la déclaration du jury, portant :

1. Qu'il est constant qu'il a été tenu, le 7 de ce mois, des propos tendans au rétablissement de la royauté.

2. Que louise-angélique-catherine Ricard, veuve Lefévre, est convaincue d'avoir tenu ces propos.

3. Qu'il est constant que le même jour, il a été tenu des propos contre-révolutionnaires, tendans à l'avilissement de la représentation nationale.

4. Que ladite veuve Lefévre est convaincue d'avoir tenu ces propos.

Faisant droit sur les conclusions de l'accusateur public, condamne louise-angelique Ricard, veuve Lefévre, à la peine de mort, conformément à la loi du 4 décembre dernier, dont il a été donné lecture : déclare ses biens acquis et confisqués au profit de la république; ordonne que le présent jugement sera exécuté sur la place de la révolution, imprimé et affiché dans toute l'étendue de la république.

L'exécution a eu lieu le même jour,

onze septembre, entre six et sept heures du soir.

OBSERVATION sur L. C. A. *Ricard, veuve Lefèvre, belle mere de Petion.*

Républicains français, qu'est-ce que la belle-mere de *Petion*? Beaucoup sans doute, relativement à sa tête rangée au bienheureux panier, & faisant collection à notre assemblage; mais au lieu de la belle-mere, que n'avons-nous le *beau-fils*; car *Petion muscadiné, pomponné*, figureroit merveilleusement à la croisée républicaine. Ce feroit bien le cas de dire, nous jouons à *qui perd gagne.*

Audience du mercredi 25 septembre 1793.

Affaire de LECARBONNIER.

Interrogé de ses noms, surnoms, âge, qualités, lieu de naissance et demeure :

A répondu se nommer louis-françois-césar Lecarbonnier, ci-devant gentilhomme, âgé de 38 ans, natif d'Aumont, à Pont-Lévêque lors de son arrestation.

Le greffier donne lecture de l'acte d'accusation.

Un grand nombre de témoins sont entendus sur des détails de peu d'importance.

Lecture est faite des pièces.

L'accusateur public résume les charges, et

annonce qu'il a pris les mesures qu'exige la rigueur de son ministére, pour faire mettre en lieu de sûreté les témoins signataires du certificat.

Le défenseur est entendu.

Le président pose les questions; le jugement suivant a été rendu.

Le tribunal, d'après la déclaration unanime du jury, portant:

1°. Qu'il est constant qu'il a existé entre les ennemis de la république des complots tendans à opérer sa dissolution;

2°. Que louis-françois-césar Lecarbonnier est convaincu d'avoir participé auxdits complots, en sortant du territoire de la république, pour se réunir à ses ennemis, et porter les armes contre elle.

3°. Qu'il est constant que les 30 novembre et 8 janvier dernier, Lecarbonnier a obtenu à la commune de Rouen des certificats qui attestent sa résidence dans ladite ville, depuis le 21 mars 1792.

4°. Que ledit Lecarbonnier est convaincu d'avoir employé des manœuvres criminelles, pour faire certifier sa résidence à Rouen, depuis cette époque.

Faisant droit sur les conclusions de l'accusateur public, condamne louis-françois-césar Lecarbonnier, à la peine de mort, conformément à l'article III de la première section du titre premier de la deuxième partie du code pénal, dont il a été donné lecture; déclare ses biens acquis et confisqués au profit de la république; ordonne que le présent jugement sera à la requête de l'accusateur public, exécuté sur la place de la révolution, imprimé et affiché dans toute l'étendue de la république.

L'exécution a eu lieu jeudi 26 septembre, à onze heures du matin.

Audience du mardi 1 octobre 1793.

Affaire de BRIDOUX, LEROI, MENION, GILLOT et GOUBET.

Interrogés de leurs noms, surnoms, âges, qualités, lieux de naissance et demeures:

Ont répondu: savoir, le premier, se nommer pierre-hubert Bridoux, âgé de 28 ans, sergent au sixième régiment de chasseurs du Nord, natif de Montigny, district de Douay.

Le second, jean-baptiste Leroi, âgé de 22 ans, commis, natif de...

Le troisième, michel Menion, âgé de 28

ans, musicien, natif de Tours, département d'Indre et Loire.

Le quatrième, françois Gillot, âgé de 28 ans, maçon et soldat au sixième régiment des chasseurs du Nord, natif de S. Quentin.

Le cinquième, jean-baptiste Goubet, âgé de 32 ans, natif de...

Le greffier donne lecture de l'acte d'accusation.

Les témoins entendus, les débats terminés, l'accusateur public et le défenseur entendus, le président pose les questions.

Le jugement suivant a été rendu.

Le tribunal, d'après la déclaration du jury portant:

Qu'il est constant que lors de la levée de trois cents mille hommes pour renforcer l'armée du Nord, il a été détourné des recrues destinées pour cette armée; ce qui tendoit à favoriser les progrès des ennemis de la république et à faciliter leur entrée sur le territoire français.

Que pierre-hubert Bridoux est convaincu d'être l'auteur de cette distraction.

Que ledit Bridoux a agi méchamment et avec des intentions contre-révolutionnaires.

Que jean-baptiste Leroi, michel Ménion, françois Gillot et jean-baptiste Goubet sont convaincus d'être les complices de Bridoux.

Qu'ils ont agi méchamment et contre-révolutionnairement.

Faisant droit sur les conclusions de l'accusateur public, condamne lesdits pierre-hubert Bridoux, jean-baptiste Leroi, michel Ménion, françois Gillot, et jean-baptiste Goubet, à la peine de mort, conformément à l'article IV de la première section du titre premier de la seconde partie du code pénal, dont il a été donné lecture: déclare leurs biens confisqués et acquis au profit de la république; ordonne que le présent jugement sera, à la requête de l'accusateur public, exécuté sur la place de la révolution, imprimé et affiché dans toute l'étendue de la république.

L'exécution a eu lieu mercredi 2 octobre, vers midi.

Audience du mercredi 2 octobre 1793.

Affaire de LENGLÉ.

Interrogé de ses noms, surnoms, âge, qualités, lieu de naissance et demeure:

A répondu s'appeller pierre Lenglé-Schorbecque, âgé de 63 ans, ancien subdélégué de l'intendance de Flandre et d'Artois, et ci-devant maire de Cassel, natif de ladite ville, et y demeurant.

Le greffier donne lecture de l'acte d'accusation.

Les témoins entendus, l'accusateur-public analyse les charges et le résultat des débats.

Chauveau, défenseur de l'accusé, est entendu dans sa plaidoierie.

Le président pose les questions; les jurés se retirent pour délibérer; leur déclaration provoque le jugement suivant:

Le tribunal, d'après la déclaration du jury, portant:

1. Qu'il est constant qu'il a été entretenu des manœuvres et intelligences contre-révolutionnaires avec les ennemis de la république, tendantes à favoriser leur entrée sur le territoire français.

2. Que pierre Lenglé-Schorbecque, ci-devant maire de Cassel, est convaincu d'avoir entretenu ces intelligences.

Faisant droit sur les conclusions de l'accusateur public, condamne pierre Lenglé, à la peine de mort.

Avant le prononcé de ce jugement, le président a, suivant l'intention de la loi, observé à l'accusé qu'il lui étoit permis de parler contre l'application de la loi invoquée par l'accusateur public, il a répondu ce qui suit : « Je ne vois pas que la confiscation puisse avoir lieu, attendu que la loi qui l'ordonne n'est que du 10 mars, et que le délit qui m'est imputé est antérieur à cette époque. »

Cette réclamation a un peu étonné l'auditoire, et l'accusé a paru vivement affecté, lorsqu'il a vu qu'il n'y étoit point fait droit.

L'exécution a eu lieu jeudi 3 octobre, onze heures du matin.

Audience du vendredi 4 octobre 1793.

Affaire de LEBRUN.

Interrogé de ses noms, surnoms, âge, qualités, lieu de naissance et demeure :

A répondu se nommer pierre-philippe-marie Lebrun, âgé de 51 ans, inspecteur général de remontes des chevaux des armées de la république, natif de Toulouse demeurant à Saumur.

Le greffier donne lecture de l'acte d'accusation.

Les témoins entendus, les débats terminés, l'accusateur public et le défenseur entendus, le jugement suivant a été rendu :

Le tribunal, d'après la déclaration unanime du jury, portant :

1. Qu'il est constant que, lors de l'invasion des révoltés dans la ville de Saumur, le 9 juin dernier, il a été pratiqué des manœuvres et intelligences tendantes à favoriser le progrès de leurs armes sur le territoire de la république.

2. Que pierre-philippe-marie Lebrun, ci-devant inspecteur général des remontes, est convaincu d'avoir participé à ces manœuvres et intelligences, 1. en ne prenant pas les mesures nécessaires pour opérer l'évacuation des chevaux de remontes dont le dépôt lui étoit confié; 2. en conseillant à des citoyens de rester à Saumur, et d'y attendre les événemens, attendu que la contre-révolution alloit avoir lieu; 3. en demandant une sauve-garde aux révoltés, pour rester avec eux.

3. Qu'il est constant que lors de la prise de Saumur, la cocarde blanche y a été arborée en signe de rebellion.

4. Que ledit Lebrun est convaincu d'avoir arboré ce signe de rebellion.

5. Qu'il l'a fait méchamment et avec des intentions contre-révolutionnaires.

Faisant droit sur les conclusions de l'accusateur public, condamne pierre-philippe-marie Lebrun à la peine de mort, conformément à l'article IV de la section premiere du titre premier de la deuxième partie du code pénal, dont il a été donné lecture; déclare ses biens acquis et confisqués au profit de la république; ordonne que le présent jugement sera exécuté sur la place de la révolution, imprimé et affiché dans toute l'étendue de la république.

L'exécution a eu lieu le samedi 5 octobre, vers les 11 heures du matin.

Audience du treizième jour du premier mois de l'an 2 de la république.

Affaires des freres BELLENGER *et* ODIENNE.

Interrogés de leurs noms, surnoms, âges, qualités, lieux de naissance et demeures :

Ont répondu, savoir, les deux premiers, s'appeller jacques et pierre Bellenger, freres jumaux, âgés de 40 ans, toucheurs de bœufs, natifs de Réüi, district de Pont-Lévêque, département du Calvados ; le troisieéme a dit se nommer jean-baptiste-clément Odienne, conducteur de bœufs de l'armée, âgé de 40 ans, natif de Reberville, district d'Épernay, département de l'Eure, et y demeurant.

Le greffier donne lecture de l'acte d'accusation.

Trois témoins ont été entendus, ils ont déclaré que l'accusé Odienne n'avoit rien dit; mais ont attesté contre les freres Bellanger les faits contenus en l'acte d'accusation.

Les débats terminés, les témoins entendus, le tribunal, d'après la déclaration du jury, portant :

1. Qu'il est constant qu'il a été tenu dans une auberge, rue de l'université, à Paris, le premier août dernier, des propos tendans à rétablir la royauté en France.

2. Que jacques et pierre Bellenger sont convaincus d'avoir tenu ces propos.

3. Que jean-baptiste-clément Odienne n'est pas convaincu d'avoir tenu ces propos.

Faisant droit sur les conclusions de l'accusateur public, condamne jacques et pierre Bellenger à la peine de mort, conformément à la loi du 4 décembre dernier, dont il a été donné lecture; déclare leurs biens acquis et con[illegible]és au profit de la république; ordonne que

que le présent jugement sera imprimé et affiché dans toute l'étendue de la république.

A l'égard de jean-baptiste-clément Odienne; le déclare acquitté de l'accusation, ordonne qu'il sera sur-le-champ mis en liberté.

Avant le prononcé de ce jugement, le président ayant interpellé les freres Bellenger de declarer s'ils avoient quelques réclamations à faire contre l'application de la loi invoquée par l'accusateur public, les accusés ont répondu: Si vous nous condamnez à mort, nous mourrons non en royalistes, mais en bons républicains.

Ils ont tenu parole. Le long de la route, en allant au lieu de leur éxécution, ils n'ont cessé de crier : vive la république! vive les bons citoyens! Arrivé sur l'échafaud, pierre Bellenger, au moment où le fer fatal alloit le frapper, répétoit encore : vive la république.

Audience du quatorziéme jour du premier mois de l'an deuxiéme de la république.

Affaire de la fille RUTANT.

Interrogée de ses noms, surnoms, âge, qualités, lieu de naissance et demeure :

A répondu se nommer jeanne-charlotte Rutant, native de Saulxur-lès-Nancy, département de la Meurthe, y demeurant.

Le greffier donne lecture de l'acte d'accusation.

Le tribunal, d'après la déclaration unanime du jury, portant:

1. Qu'il est constant que dans le département de la Meurthe, il a été pratiqué des intelligences et manœuvres avec les ennemis de la France, tendantes à favoriser les progrès de leurs armes sur le territoire de la république.

2. Que jeanne-charlotte Rutant est convaincue d'avoir participé à ces intelligences et manœuvres, en entretenant des correspondances contre-révolutionnaires avec les ennemis de la république.

Faisant droit sur les conclusions de l'accusateur public, condamne jeanne-charlotte Rutant à la peine de mort; ordonne que le présent jugement sera exécuté sur la place de la révolution, imprimé et affiché dans toute l'étendue de la république.

L'exécution a eu lieu, ainsi que celle des freres Bellenger, le lendemain 15 du premier mois, vers midi.

Audience du 15 du premier mois de l'an second de la république.

Affaire de GUICHARD.

Interrogé de ses noms, surnoms, âge, qualités, lieu de naissance et demeure:

A répondu se nommer jean-baptiste-françois Guichard, âgé de 48 ans, curé constitutionnel de S. Barthélemy, district de Rosay, département de Seine et Marne, natif de Cocherel, demeurant ordinairement à S. Barthélemy.

Le greffier donne lecture de l'acte d'accusation.

Onze témoins à charge ont été entendus dans cette affaire, la plupart habitans de la commune de S. Barthélemy; ils ont attesté les faits contenus en l'acte d'accusation, excepté le fait d'avoir refusé de lire les décrets de la convention nationale.

L'accusé n'a, pour ainsi dire, opposé aucuns moyens de défense valables.

Le jugement suivant a été rendu.

Le tribunal, d'après la déclaration du jury, portant :

1. Qu'il est constant que dans la commune de S. Barthélemi, district de Rosay, département de Seine et Marne, il a été tenu des propos tendans à rétablir la royauté en France.

2. Que jean-baptiste-françois Guichard, curé de la paroisse dudit lieu, est convaincu de ce crime.

3. Qu'il est constant que dans l'intérieur de l'une des maisons de ladite commune de S. Barthélemy, il a été tenu, par un citoyen, des propos tendans à avilir les autorités constituées, et dit, que si les députés qui ont voté pour la mort du ci-devant roi étoient tués comme l'avoit été l'un d'eux, le peuple en seroit plus tranquille.

4. Que ledit Guichard est convaincu d'avoir tenu ces propos.

5. Qu'il est constant qu'il a été refusé de lire au prône de ladite paroisse de S. Barthélemy, les mandemens de l'évêque, mais qu'il n'est pas constant qu'il a été refusé de lire le décrets de la convention nationale.

6. Que ledit Guichard est convaincu de ce refus.

Qu'il l'a fait méchamment et avec des intentions contre-révolutionnaires.

Faisant droit sur les conclusions de l'accusateur-public, condamne ledit jean-baptiste françois Guichard, à la peine de mort, conformément à la loi du 4 décembre dernier dont il a été donné lecture : ordonne qu'à la requête de l'accusateur-public le présent jugement sera exécuté sur la place de la révolution, imprimé et affiché dans toute l'étendue de la république.

L'exécution a eu lieu le 16 du premier mois, entre onze heures et midi.

Audience du 16 du premier mois de l'an deuxiéme de la république.

Affaire de GORSAS.

Vers neuf heures et un quart, le prévenu a été introduit à l'audience.

Le président l'ayant interpellé de déclarer ses noms, âge, qualités, etc.

Il a répondu s'appeller antoine-joseph Gorsas, être âgé de 41 ans, ci-devant membre de la convention nationale.

Trois témoins ont été introduits; ils ont déposé connoître l'accusé pour être véritablement Gorsas, ci-devant député et demeurant à Paris, rue Tiquetonne, n°. 7.

Lecture a ensuite été faite de l'article premier de la loi du 28 juillet dernier.

Article premier de la loi du 28 juillet.

» La convention nationale déclare traîtres à la patrie, Buzot, Barbaroux, Gorsas, Lanjuinais, Salles, Louvet, Bourgoin, Biroteau, Pétion, Chassey, Cussy, Fermont, Meillant, Lesage d'Eure et Loire, Valady, Kervelegan, qui se sont soustraits au décret rendu contre eux le 2 juin dernier, et se sont mis en état de rébellion dans les départemens de l'Eure, du Calvados et de Rhône et Loire, dans le dessein d'empêcher l'établissement de la république, et de rétablir la royauté. »

On a donné également lecture de la loi du 3 octobre, par laquelle la convention déclare persister et ne rien changer à celle du 28 juillet, ci-dessus citée.

Les juges ont ensuite voté individuellement pour l'application des loix dont la lecture venoit d'être faite.

En conséquence, d'après le réquisitoire de l'accusateur public, le tribunal ordonne que ledit antoine-joseph Gorsas sera, dans les vingt-quatre heures, livré à l'exécuteur des jugemens criminels, pour être exécuté à mort sur la place de la révolution de cette ville; que le jugement sera imprimé et affiché dans toute l'étendue de la république.

Gorsas, après le prononcé, a demandé la parole; le président ayant consulté ses collègues, lui a observé que le jugement venoit d'être prononcé, et qu'il ne pouvoit plus obtenir la parole, ne l'ayant point invoquée avant l'application de la loi.

Alors se tournant vers l'auditoire il a dit: « peuple, c'est à vous que je demande la parole. Ici l'on a répondu, à bas, à bas. Alors il a descendu du fauteuil, en disant au peuple: « je recommande à ceux qui m'entendent, ma femme et mes enfans; je suis innocent, ma mémoire sera vengée. »

L'exécution a eu lieu le même jour, vers trois heures après midi.

OBSERVATION sur *Gorsas.*

Gorsas naquit sans culottes, Gorsas vécut une partie de sa vie sans culottes; mais Gorsas fatigué d'être sans culottes, voulut s'en procurer en caressant les partisans de l'aristocratie. Gorsas enfin vouloit avoir des culottes superbes au même prix que les anciennes chemises dont l'histoire fait mention. Il n'obtint de tout cela, qu'une soustraction bien légitime sur la place de la révolution. Oh! courier de Paris à Versailles! l'air de la cour t'avoit pestiféré; maintenant tu es purifié. Tout va le mieux du monde.

Audience du 17 du 1er mois de l'an 2e de la république.

Affaire de DUPIN.

Interrogé de ses noms, surnoms, âge, qualités, lieu de naissance et demeure:

A répondu s'appeler Henri Dupin, âgé de 55 ans, directeur de la poste aux chevaux, à Saumur, natif dudit lieu, et y demeurant.

Il résulte de l'acte d'accusation dont le greffier a donné lecture, que ledit Dupin ayant reçu, le 19 juin dernier, un ordre signé Bonnin, se disant commandant de l'artillerie de l'armée catholique, a sur-le-champ ordonné à divers habitans des campagnes, de fournir les bœufs nécessaires pour enlever et faire conduire leur artillerie à Saint-Mathurin.

Les témoins entendus, les débats terminés, le jugement suivant a été rendu.

Le tribunal, d'après la déclaration du jury, portant :

1°. Qu'il est constant que lors de l'évacuation de la ville de Saumur par les brigands, il a été fourni et fait fournir des bœufs, pour conduire leur artillerie à S. Mathurin.

2°. Que ledit Dupin est convaincu d'avoir fourni et fait fournir lesdits bœufs.

3°. Qu'il l'a fait avec des intentions criminelles et contre-révolutionnaires.

Faisant droit sur les conclusions de l'accusateur public, condamne ledit henri Dupin à la peine de mort, conformément à la loi du 4 décembre dernier, dont il a été donné lecture; déclare ses biens acquis et confisqués au profit de la république : ordonne que le jugement sera imprimé et affiché dans toute l'étendue de la république.

L'exécution a eu lieu le même jour, sept heures du soir.

Audience du 20 du premier mois, l'an second de la république.

Affaire de BARBOT.

Interrogé de ses noms, surnoms, âge, qualités, lieu de naissance et demeure :

A répondu se nommer jean-jacques Barbot, âgé de 40 ans, instituteur, natif de Blois, département de Loir et Cher, demeurant à Paris, rue Baillif.

Le greffier donne lecture de l'acte d'accusation.

L'accusateur public résume les débats, le défenseur est entendu ; le président pose les questions.

Après que le jury a délibéré et fait sa déclaration, on rend le jugement suivant :

Le tribunal, d'après la déclaration du jury, portant :

1. Qu'il est constant qu'il existe au procès des lettres contre-révolutionnaires tendantes au renversement de la république, lesquelles ont pour date les 17 et 20 mai dernier.

2. Que jean-jacques Barbot, instituteur, est convaincu d'être l'auteur de ces lettres.

3. Qu'il les a écrites avec des intentions criminelles et contre-révolutionnaires.

Faisant droit sur le réquisitoire de l'accusateur public, condamne ledit Barbot à la peine de mort, conformément à la loi du 16 décembre dernier, dont il a été donné lecture; déclare ses biens acquis et confisqués au profit de la république; ordonne que le présent jugement sera exécuté sur la place de la révolution de cette ville, imprimé et affiché dans toute l'étendue de la république.

L'exécution a eu lieu le lendemain 21, vers midi.

OBSERVATION sur *jean jacques Barbot, instituteur de bien mauvaise institution.*

Jean-jacques Barbot, très-mal institué, instituoit encore bien plus mal. A son titre de chétif homme de lettres, il joignoit un attachement particulier pour le style épistolaire; il fit une sottise, en s'avisant de dramaturger dans la prise de la Bastille, mauvaise piece, quoique le sujet fût inépuisable: mais ses lettres rendirent sa situation plus sérieuse; il fut occis. Bénissons cette œuvre pie: qu'ainsi soit de ses semblables.

Audience du 21 vendémiaire, l'an 2e de la république.

Affaire de BARTHELEMI.

Interrogé de ses noms, surnoms, âge, qualités, lieu de naissance et demeure:

A répondu se nommer nicolas-françois Barthelemi, âgé de 41 ans, curé de la commune de Sénonge, district d'Arnay, département des Vosges, natif de Longchamp, même département.

Le greffier donne lecture de l'acte d'accusation, dont la teneur suit :

Après que l'accusateur public & le défenseur ont été entendus, le président a posé les questions contenues dans le jugement suivant.

Le tribunal, d'après la déclaration unanime du jury, portant :

1°. Qu'il est constant qu'à différentes époques, & notamment dans les premiers mois de cette année, il a été tenu dans la commune de Sénonge, district d'Arnay, département des Vosges, des propos tendans à provoquer l'avilissement et la dissolution de la représentation nationale, et le rétablissement de la royauté en France.

2°. Que nicolas-françois Barthelemi, curé de cette commune, est convaincu d'être l'auteur de ces propos.

3°. Qu'il est constant, que dans ladite commune, la trahison de Dumourier & ses projets de marcher sur Paris, pour détruire la convention et la liberté, ont été approuvés.

4°. Que nicolas-françois Barthélemi, curé de la commune de Sénonge, est convaincu d'avoir par ses discours manifesté cette approbation.

Faisant droit sur le réquisitoire de l'accusateur public, condamne ledit Barthélemi à la peine de mort, conformément à la loi du 4 décembre dernier, dont il a été donné lecture; déclare ses biens acquis & confisqués au profit de la république; ordonne que le présent jugement sera exécuté sur la place de la révolution de cette ville, imprimé & affiché dans toute l'étendue de la république.

L'exécution a eu lieu le lendemain 22.

CONVENTION NATIONALE.

Séance du mardi 11 décembre 1792, l'an 1er de la république française, une & indivisible.

Affaire de Louis CAPET, *dernier roi des français.*

Le citoyen Barrère, président, occupe le fauteuil.

Plusieurs propositions additionnelles à l'acte énonciatif des crimes de Capet sont présentées. La discussion se renouvelle. Un membre observe qu'il est intéressant d'ordonner que Louis XVI fut amené à la barre ; & la convention, sur cette proposition, rend le décret suivant :

La convention nationale décrete que le commandant général de la garde parisienne fera venir à l'instant Louis du Temple à la barre.

La convention nationale décrete que l'acte énonciatif des crimes imputés à Louis XVI, sera lu par un des secrétaires en entier, et ensuite par le président successivement, article par article, & que le président ajoutera après la lecture de chaque chef d'accusation, *Qu'avez-vous à répondre ?*

Un membre propose, & l'assemblée rend le décret suivant :

La convention nationale décrete que son président fera à Louis les questions qui pourroient naître de ses réponses.

Un membre propose qu'aucun membre ne puisse faire de motion, ni prendre la parole pendant que Louis XVI sera présent à la barre; qu'il ne soit reçu aucune pétition, ni députation.

Ces propositions sont décrétées.

Un autre demande qu'il soit mis un siége à la barre, et que le président avertisse Louis Capet qu'il peut s'asseoir.

Cette proposition fondée sur l'humanité, n'éprouve pas de contradiction, et on demande qu'elle soit exécutée sans être mise aux voix.

Capet arrive à la barre.

Louis, la nation française vous accuse : la convention nationale a décrété, le 3 décembre, que vous seriez jugé par elle; le 6 décembre, elle a décrété que vous seriez entendu aujourd'hui à sa barre. Vous allez entendre la lecture de l'acte énonciatif des faits. Louis, asseyez-vous. Louis s'assied.

Un secrétaire lit l'acte énonciatif des faits.

Le président dit ensuite :

Louis, vous allez répondre aux questions que la convention nationale me charge de vous faire. »

Louis, le peuple français vous accuse d'avoir commis une multitude de crimes pour établir votre tyrannie, en détruisant sa liberté.

Vous avez, le 20 juin 1789, attenté à la souveraineté du peuple, en suspendant les assemblées de ses représentans, et en les repoussant par la violence du lieu de leurs séances. La preuve en est dans le procès-verbal dressé au jeu de paume de Versailles par les membres de l'assemblée constituante. Qu'avez-vous à répondre ?

Il n'y avoit aucunes loix dans ce tems-là qui existassent sur cet objet.

Le vingt-trois juin, vous avez voulu dicter des loix à la nation, vous avez entouré de troupes ses représentans, vous leur avez présenté deux déclarations royales éversives de toute liberté, et vous leur avez ordonné de se séparer. Vos déclarations et les procès-verbaux de l'assemblée constatent ces attentats. Qu'avez-vous à répondre ?

Même réponse que la précédente.

Vous avez fait marcher une armée contre les citoyens de Paris. Vos satellites ont fait couler leur sang, et vous n'avez éloigné cette armée que lorsque la prise de la bastille et l'insurrection générale vous ont appris que le peuple étoit victorieux. Les discours que vous avez tenus les 9, 12 et 14 juillet aux diverses députations de l'assemblée constituante, font connoître quelles étoient vos intentions; et les massacres des Tuileries déposent contre vous. Qu'avez-vous à répondre?

J'étois le maître de faire marcher les troupes comme je le voulois, dans ce tems-là; jamais mon intention n'a été de faire répandre du sang.

Après ces événemens, et malgré les promesses que vous aviez faites le 15 dans l'assemblée constituante, et le 17 dans l'hôtel-de-ville de Paris, vous avez persisté dans vos projets contre la liberté nationale; vous avez long-tems éludé de faire exécuter les décrets du 11 août, concernant l'abolition de la servitude personnelle, du régime féodal et de la dîme. Vous avez long-tems refusé de connoître la déclaration des droits de l'homme vous avez augmenté du double le nombre de vos gardes-du-corps, et appelé le régiment de Flandres à Versailles; vous avez permis que, dans des orgies faites sous vos yeux, la cocarde nationale fût foulée aux pieds, la cocarde blanche arborée, et la nation blasphêmée. Enfin, vous avez nécessité une nouvelle insurrection, qui a occasionné la mort de plusieurs citoyens, et ce n'est qu'après la défaite de vos gardes que vous avez changé de langage, et renouvelé des promesses perfides. Les preuves de ces faits sont dans vos observations du 18 septembre, sur les décrets du 11 août, dans les procès-verbaux de l'assemblée constituante, dans les événemens de Versailles des 5 et 6 octobre, et dans le discours que vous avez tenu le même jour à une députation de l'assemblée constituante, lorsque vous lui dîtes que vous vouliez vous éclairer de ses conseils, et ne jamais vous séparer d'elle. Qu'avez-vous à répondre?

J'ai fait les observations que jai pensé justes et nécessaires sur les décrets qui m'ont été présentés. Le fait est faux pour la cocarde; jamais il ne s'est passé devant moi.

Vous aviez prêté à la fédération du 14 juillet un serment que vous n'avez pas tenu. Bientôt vous avez essayé de corrompre l'esprit public, à l'aide de Talon, qui agissoit dans Paris, et de Mirabeau, qui devoit imprimer un mouvement contre-révolutionnaire aux provinces. Vous avez répandu des millions pour effectuer cette corruption, et vous avez voulu faire de la popularité même un moyen d'asservir le peuple. Ces faits résultent d'un mémoire de Talon, que vous avez apostillé de votre main, et d'une lettre que Laporte vous ecrivoit le 19 avril, dans laquelle, vous rapportant une conversation qu'il avoit eue avec Rivarol, il vous disoit que les millions qu'on vous avoit engagé à répandre n'avoient rien produit. Qu'avez-vous à répondre?

Je ne me rappelle point précisément ce qui s'est passé dans ce tems-là; mais le tout est antérieur à l'acceptation de la constitution.

N'est-ce pas par une suite d'un projet tracé par Talon que vous avez été au fauxbourg S. Antoine, et que vous avez distribué de l'argent à de pauvres ouvriers; que vous leur avez dit que vous ne pouviez pas mieux faire. Qu'avez-vous à répondre?

Je n'avois pas de plus grand plaisir que de pouvoir donner à ceux qui en avoient besoin; il n'y avoit rien en cela qui tint à quelque projet.

N'est-ce pas par une suite du même projet,

que vous avez feint une indisposition pour pressentir l'opinion publique sur votre retraite à S. Cloud, ou à Rambouillet, sous prétexte du rétablissement de votre santé? Qu'avez vous à répondre?

Cette accusation est absurde.

Dès long-tems vous avez médité un projet de fuite. Il vous fut remis le 23 février un mémoire qui vous en indiquoit les moyens, et vous l'apostillâtes. Le 28, une multitude de nobles et de militaires se répandirent dans vos appartemens au château des Tuileries. Vous voulûtes, le 18 avril, quitter Paris pour vous rendre à S. Cloud; mais la résistance des citoyens vous fit sentir que la défiance étoit grande. Vous cherchâtes à la dissiper; en communiquant à l'assemblée constituante une lettre que vous adressiez aux agens de la nation auprès des puissances étrangères, pour leur annoncer que vous aviez accepté librement les articles constitutionels qui vous avoient été présentés; et cependant le 21 juin, vous preniez la fuite avec un faux passe-port; vous laissiez une déclaration contre ces mêmes articles constitutionnels; vous ordonniez aux ministres de ne signer aucun des actes émanés de l'assemblée nationale, et vous défendiez à celui de la justice de remettre les sceaux de l'état. L'argent du peuple étoit prodigué pour assurer le succès de cette trahison, et la force publique devoit la protéger sous les ordres de Bouillé qui n'aguères avoit été chargé de diriger les massacres de Nancy, et à qui vous aviez écrit à ce sujet de soigner sa popularité, parce qu'elle pouvoit vous être bien utile. Ces faits sont prouvés par le mémoire du 23 février, apostillé de votre main ; par votre déclaration du 20 juin, toute entière de votre écriture ; par votre lettre du 4 septembre 1790, à Bouillé ; et par une note de celui-ci, dans laquelle il vous rend compte de l'emploi des 993 000 liv. données par vous, et employées en partie à la corruption des troupes qui devoient vous escorter.

Qu'avez-vous à répondre ?

Je n'ai aucune connoissance du mémoire du 23 février. Quant à tout ce qui concerne le voyage que j'ai fait à Varennes, je m'en rapporte aux réponses que j'ai faites à l'assemblée constituante de ce tems-là.

Après votre arrestation à Varennes, l'exercice du pouvoir exécutif fut un moment suspendu dans vos mains, et vous conspirâtes encore. Le 17 juillet, le sang des citoyens fut versé au Champ-de-mars. Une lettre de votre main, écrite en 1790, à Lafayette, prouve qu'il existoit une coalition criminelle entre vous et Lafayette, à laquelle Mirab au avoit accédé. La révision commença sous ces auspices cruels; tous les genres de corruption furent employés. Vous avez payé des libelles, des pamphlets, des journaux destinés à pervertir l'opinion publique, à discréditer les assignats et à soutenir la cause des émigrés. Les registres de Septeuil indiquent quelles sommes énormes ont été employées à ces manœuvres liberticides.

Vous avez paru accepter la constitution le 14 septembre; vos discours annonçoient la volonté de la maintenir, et vous travailliez à la renverser avant même qu'elle fût achevée. Qu'avez-vous à répondre?

Ce qui s'est passé le 19 juillet ne peut en aucune maniere me regarder; pour le reste, je n'en ai aucune connoissance.

Une convention avoit été faite à Pilnitz le 24 juillet, entre Léopold d'Autriche et Frédéric-Guillaume de Brandebourg, qui s'étoient engagés à relever en France le trône de la monarchie absolue, et vous vous êtes tû sur cette convention, jusqu'au moment où elle a été connue de l'Europe entiere. Qu'avez-vous à répondre?

Je l'ai fait connoître si-tôt qu'elle est venue à ma connoissance; au reste, c'est une affaire qui regarde, par la constitution, les ministres.

Après avoir levé l'étendard de la révolte; vous l'aviez favorisée par l'envoi de trois commissaires civils, qui se sont occupés, non à réprimer les contre-révolutionnaires, mais à justifier leurs attentats! Qu'avez-vous à répondre?

Les instructions qu'ont eu les commissaires doivent prouver ce dont ils ont été chargés: je n'en connoissois aucun quand ils m'ont été présentés par les ministres.

Avignon et le comtat Venaissin avoient été réunis à la France: vous n'avez fait exécuter le décret qu'après un mois; et pendant ce tems, la guerre civile a désolé ce pays. Les commissaires que vous y avez successivement envoyés, ont achevé de le dévaster. Qu'avez-vous à répondre?

Ce fait-là ne peut pas me regarder personnellement. J'ignore quel délai on a mis dans l'envoi: au reste, ce sont ceux qui en étoient chargés, que cela regarde.

Nymes, Montauban, Mende, Jalès, avoient éprouvé de grandes agitations dès les premiers jours de la liberté, vous n'avez rien fait pour étouffer ce germe de contre-révolution, jusqu'au moment où la conspiration de du Saillans a éclaté. Qu'avez-vous à répondre ?

J'ai donné, sur cela, tous les ordres que les ministres m'ont proposés.

Vous avez envoyé vingt-deux bataillons contre les marseillois qui marchoient pour réduire les contre-révolutionnaires Arléssiens. Qu'avez-vous à répondre ?

Il faudroit que je visse les pieces pour répondre juste sur cela.

Vous avez donné le commandement du midi à Wigenstein, qui vous écrivoit le 21 avril 92, après qu'il eut été rappelé : Quelques instans de plus, & je rappellois à toujours autour du trône de V. M., des milliers de français redevenus dignes des vœux qu'elle forme pour leur bonheur. Qu'avez-vous à répondre?

Cette lettre est postérieure à son rappel Il n'a pas été employé depuis. Je ne me souviens pas de la lettre.

Vous avez payé vos ci-devant gardes-du-corps à Coblentz; les registres de Septeuil en font foi; & plusieurs ordres signés de vou constatent que vous avez fait passer des sommes considérables à Bouillé, Rochefort, la Vauguyon, Choiseul-Beaupré, d'Hamilton & à la femme Polignac. Qu'avez-vous à répondre ?

D'abord que j'ai su que les gardes-du-corps se formoient de l'autre côté du Rhin, j'ai défendu qu'ils reçussent aucun paiement. Je n'ai pas connoissance du reste.

Vos freres, ennemis de l'état, ont rallié les émigrés sous leurs drapeaux; ils ont levé des régimens, fait des emprunts, & contracté des alliances en votre nom; vous ne les avez désavoués qu'au moment où vous avez été bien certain que vous ne pouviez plus nuire à leurs projets. Votre intelligence avec eux est prouvée par un billet écrit de la main de Louis-Stanislas-Xavier, souscrit par vos deux freres, & ainsi conçu :

» Je vous ai écrit, mais c'étoit par la poste, et je n'ai rien pu dire. Nous sommes ici deux qui n'en font qu'un; mêmes sentimens, mêmes principes, même ardeur pour vous servir. Nous gardons le silence, mais c'est qu'en le rompant trop tôt, nous vous compromettrions; mais nous parlerons dès que nous serons sûrs de l'appui général, et ce moment est proche. Si l'on nous parle de la part de ces gens-là, nous n'écouterons rien, si c'est de la vôtre nous écouterons, mais nous irons droit notre chemin; ainsi si l'on veut que vous nous fassiez dire quelque chose, ne vous gênez pas. Soyez tranquille sur votre sûreté, nous n'existons que pour vous servir; nous y travaillons avec ardeur, et tout va bien; nos ennemis même ont trop d'intérêt à votre conservation, pour commettre un crime inutile, et qui acheveroit de les perdre. Adieu.

L. S. Xavier et Charles-Philippe.

Qu'avez-vous à répondre? J'ai désavoué toutes les démarches de mes freres, aussi-tôt qu'elles sont parvenues à ma connoissance, comme la constitution me le prescrivoit. Je n'en ai aucune de ce billet.

L'armée de ligne, qui devoit être portée au pied de guerre, n'étoit forte que de cent mille hommes à la fin de décembre; vous aviez ainsi négligé de pourvoir à la sûreté de l'état. Narbonne, votre agent, avoit demandé une levée de cinquante mille hommes; mais il arrêta le recrutement à vingt-six mille, en assurant que tout étoit prêt. Rien ne l'étoit pourtant. Après lui, Servan proposa de former auprès de Paris, un camp de vingt mille hommes; l'assemblée législative le décréta, vous refusâtes votre sanction. Un élan de patriotisme fit partir de tous côtés des citoyens pour Paris. Vous fîtes une proclamation qui tendoit à les arrêter dans leur marche : cependant nos armées étoient dépourvues de soldats; Dumourier, successeur de Servan, avoit déclaré que la nation n'avoit ni armes, ni munitions, ni subsistances, et que les places étoient hors de défense. Qu'avez-vous à répondre ?

J'ai donné au ministre tous les ordres qui pouvoient accélérer l'augmentation de l'armée depuis le mois de décembre dernier. Les états en ont été remis à l'assemblée. S'ils se sont trompés, ce n'est pas ma faute.

Vous avez donné mission aux commandans des troupes de désorganiser l'armée, de pousser des régimens entiers à la désertion, et de les faire passer le Rhin, pour les mettre à la disposition de vos freres et de Léopold d'Autriche. Ce fait est prouvé par une lettre de Toulongeon, commandant de la Franche-Comté. Qu'avez-vous à répondre?

Il n'y a pas un mot de vrai à cette accusation.

Vous avez chargé vos agens diplomatiques,

de favoriser la coalition des puissances étrangeres et de vos freres contre la France, particuliérement de cimenter la paix entre la Turquie et l'Autriche, pour dispenser celle-ci de garnir ses frontieres du côté de la Turquie, et lui procurer par-là un plus grand nombre de troupes contre la France. Une lettre de Choiseul-Gouffier, ci-devant ambassadeur à Constantinople, établit ce fait. Qu'avez-vous à répondre?

Choiseul n'a pas dit la vérité : cela n'a jamais existé.

Vous avez attendu d'être pressé par une réquisition faite au ministre Lajard, à qui l'assemblée législative demandoit d'indiquer quels étoient ses moyens de pourvoir à la sûreté extérieure de l'état, pour proposer par un message, la levée de quarante-deux bataillons.

Les prussiens s'avançoient sur nos frontieres. On interpella le 8 juillet votre ministre de rendre compte de l'état de nos relations politiques avec la Prusse; vous répondites le 10 que cinquante mille prussiens marchent contre nous, et que vous donnez avis aux corps législatifs, des actes formels de ces hostilités imminentes, au terme de la constitution. Qu'avez-vous à répondre?

Ce n'est qu'à cette époque-là que j'en ai eu connoissance ; toute la correspondance diplomatique passoit par les ministres.

Vous avez confié le département de la guerre à Dabancourt, neveu de Calonne, et tel a été le succès de votre conspiration, que les places de Longwi et de Verdun ont été livrées aussi-tôt que les ennemis ont paru. Qu'avez-vous à répondre ?

J'ignorois que Dabancourt fût neveu de Calonne : au reste ce n'est pas moi qui ai dégarni les places. Je ne l'aurois jamais fait.

Qui a dégarni Longwy et Verdun ?

Je n'ai aucune connoissance si elles l'ont été.

Vous avez détruit notre marine : une foule d'officiers de ce corps étoient émigrés ; à peine en restoit-il pour faire le service des ports : cependant Bertrand accordoit toujours des passe-ports ; et lorsque le corps législatif vous exposa, le 8 mars, sa conduite coupable, vous répondîtes que vous étiez satisfait de ses services. Qu'avez-vous à répondre ?

J'ai fait tout ce que j'ai pu pour retenir les officiers. Dans ce tems-là, l'assemblée nationale ne portoit contre Bertrand aucun grief qui eut dû le mettre en accusation. Je n'ai pas jugé que je dusse le changer.

Vous avez favorisé dans les colonies le maintien du gouvernement absolu ; vos agens y ont par-tout fomenté le trouble et la contre-révolution, qui s'y est opérée à la même époque où elle devoit s'effectuer en France : ce qui indique assez que votre main conduisoit cette trame. Qu'avez-vous à répondre ?

S'il y a des personnes qui se sont dites mes agens dans les colonies, ils n'ont pas dit vrai : je n'ai jamais ordonné rien de ce que vous venez de me dire.

L'intérieur de l'état étoit agité par des fanatiques : vous vous en êtes déclaré le protecteur, en manifestant l'intention évidente de recouvrer par eux votre ancienne puissance. Qu'avez-vous à répondre ?

Je ne puis pas répondre à cela : je n'ai aucune connoissance de ce projet-là.

Le corps législatif avoit rendu le 29 novembre un décret contre les prêtres factieux : vous en avez suspendu l'exécution. Qu'avez-vous à répondre ?

La constitution me laissoit la sanction libre des décrets.

Les troubles s'étoient accrus : le ministre déclara qu'il ne connoissoit dans les loix existantes aucun moyen d'atteindre les coupables. Le corps législatif rendit un nouveau décret : vous en suspendîtes encore l'exécution. Qu'avez-vous à répondre ?

Même réponse que la précédente.

L'incivisme de la garde que la constitution vous avoit donnée en avoit nécessité le licenciement. Le lendemain vous lui avez écrit une lettre de satisfaction; vous avez continué de la solder. Ce fait est prouvé par les comptes du trésorier de la liste civile. Qu'avez-vous à répondre ?

Je n'ai continué que jusqu'à ce qu'elle pût être recréée, comme le décret le portoit.

Vous avez retenu auprès de vous les gardes-suisses : la constitution vous le défendoit, et l'assemblée législative en avoit expressément ordonné le départ. Qu'avez-vous à répondre ?

J'ai suivi le décret qui avoit été rendu sur cet objet.

Vous avez eu dans Paris des compagnies particulieres, chargées d'y opérer des mouvemens utiles à vos projets de contre-révolution. D'Angrémont et Gilles étoient deux de vos agens : ils étoient salariés par la liste civile. Les quittances de Gilles, chargé de l'organisation d'une compagnie de soixante hommes, vous seront présentées. Qu'avez-vous à répondre ?

Je n'ai aucune connoissance des projets qu'on me prête ; jamais idée de contre-révolution n'est entrée dans ma tête.

Vous avez voulu par des sommes considérables, suborner plusieurs membres des assemblée constituante et législative. Des lettres de Dufresne-Saint-Léon et plusieurs autres, qui vous seront présentées, établissent ce fait. Qu'avez-vous à répondre ?

J'ai eu plusieurs personnes qui se sont présentées avec de pareils projets ; je les ai éloignées.

Quels sont les membres des assemblées constituante et législative que vous avez corrompus ?

Je n'ai point cherché à en corrompre : je n'en connois aucun.

Quelles sont les personnes qui vous ont présenté des projets ?

Cela étoit si vague, que je ne m'en rappelle pas.

Quels sont ceux à qui vous avez promis de l'argent ?

Aucun.

Vous avez laissé avilir la nation française

en Allemagne, en Italie, en Espagne, puisque vous n'avez rien fait pour exiger la réparation des mauvais traitemens que les français ont éprouvé dans ces pays. Qu'avez-vous à répondre ?

La correspondance diplomatique doit prouver le contraire; au reste, ça regarde les ministres.

Vous avez fait, le 10 août, la revue des suisses à cinq heures du matin, et les suisses ont tiré les premiers sur les citoyens. Qu'avez-vous à répondre ?

J'ai été voir toutes les troupes qui étoient rassemblées chez moi ce jour-là; les autorités constituées y étoient, le département, le maire de Paris; j'avois même fait demander à l'assemblée de m'envoyer une députation de ses membres, pour me conseiller ce que je devois faire; et je vins moi-même avec ma famille au milieu d'elle.

Pourquoi avez-vous fait doubler la garde des suisses dans les premiers jours du mois d'août ?

Toutes les autorités constituées l'ont su; et parce que le château étoit menacé d'être attaqué, j'étois une autorité constituée, je devois le défendre.

Pourquoi dans la nuit du 9 au 10 août, avez-vous fait mander le maire de Paris ?

Sur les bruits qui se répandoient.

Vous avez fait couler le sang des français. Qu'avez-vous à répondre ?

Non, monsieur : ce n'est pas moi.

N'avez-vous pas autorisé Septeuil à entreprendre un commerce en grains, sucres et cafés, à Hambourg et dans d'autres villes ? Ce fait est prouvé par les lettres de Septeuil.

Je n'ai aucune connoissance de ce que vous dites-là.

Pourquoi avez-vous mis votre *veto* sur le décret concernant la formation du camp sous Paris ?

La constitution me laissoit la libre sanction; et, dans ce tems-là, j'ai demandé un camp plus près des frontières, à Soissons.

Louis, avez-vous autre chose à ajouter ?

Je demande copie de l'acte d'accusation et la communication des pièces, et qu'il me soit accordé un conseil pour suivre mon affaire.

Le président lui dit : Louis, on va vous présenter les pièces qui servent à votre accusation.

On présente à Louis un mémoire de Talon;

apostillé; et l'ayant interpellé s'il reconnoît l'apostille de son écriture, il répond ne pas la reconnoître.

Il déclare de même ne pas reconnoître un mémoire de Laporte qu'on lui présente.

On lui présente une lettre de son écriture. Il dit qu'il croit qu'elle est de son écriture, et qu'il se réserve de s'expliquer sur son contenu. On en fait lecture. Louis dit que ce n'est qu'un projet : qu'elle n'a pas été envoyée et qu'elle n'a aucun rapport à la contre-révolution.

Une lettre de Laporte qu'on lui dit datée de sa main, à lui Louis. Il dit ne reconnoître ni la lettre ni la date.

Une autre du même, apostillée de la main de Louis, 3 mars 1791 : il dit ne reconnoître ni la lettre ni l'apostille.

Une autre du même, apostillée de la main de Louis, 3 avril 1791. Louis dit ne pas la reconnoître plus que les précédentes.

Une autre du même. Louis fait même réponse.

Un projet de constitution, signé Lafayette, suivi de neuf lignes de l'écriture de Louis. Il répond que si ces choses-là ont existé, elles ont été effacées par la constitution, et qu'il ne reconnoit ni la pièce ni son apostille.

Une lettre de Laporte, du 19 avril, apostillée

de Louis. Il répond ne reconnoître ni la lettre ni l'apostille.

Une autre du même, du 16 avril après midi, apostillée de Louis. Il déclare ne pas la reconnoître plus que les autres.

Une autre du même, du 23 février 1791, apostillée de Louis. Il déclare ne pas la reconnoître.

Une pièce sans signature, contenant un état de dépense. Avant d'interpeller Louis sur cette pièce, le président lui fait la question suivante :

Avez-vous fait construire dans une des murailles du château des Tuileries, une armoire fermée d'une porte de fer, et y avez-vous renfermé des papiers?

Je n'en ai aucune connoissance, ni de la pièce sans signature.

Une autre pièce de même nature, apostillée de la main de Louis, Talon et Sainte-Foi. Il déclare ne pas la reconnoître.

Une troisième pièce de même nature. Il déclare ne pas la reconnoître davantage.

Un registre ou journal de la main de Louis, intitulé : *Pensions ou gratifications accordées sur la cassette.* Je reconnois celui-ci, ce sont des charités que j'ai faites.

Un état de la compagnie Ecossaise des gardes-du-corps.

Louis reconnoît cette pièce, et déclare que c'est avant qu'il eût défendu de continuer leur traitement, et que ceux qui étoient absens ne le touchoient pas.

Un état de la compagnie de Noailles, pour servir au paiement des traitemens conservés, signé Louis et Laporte. Louis déclare que c'est la même pièce que le précédent.

Un état de la compagnie de Grammont. Louis déclare que c'est la même chose que les précédens.

Un état de la compagnie de Luxembourg. Louis déclare que c'est le même que les trois autres.

Où avez vous déposé ces pièces que vous reconnoissez ?

Ces pièces devoient être chez mon trésorier.

Une pièce concernant les cents-suisses. Louis déclare ne pas la reconnoître.

Une piece signée Nion, greffier. Louis déclare ne pas la reconnoître.

Un mémoire signé Convay. Louis déclare n'en avoir aucune connoissance.

Une copie certifiée d'un original déposé au département de l'Ardêche, le 14 juillet 92. Louis déclare n'en avoir aucune connoissance.

Une copie certifiée d'un original déposé au même département. Louis déclare n'en avoir aucune connoissance.

Une lettre relative au camp de Jalès. Louis déclare n'en avoir aucune connoissance.

Copie certifiée d'une pièce déposée au département de l'Ardéche. Louis déclare n'en avoir aucune connoissance.

Lettre sans adresse relative au camp de Jalès. Louis déclare n'en avoir aucune connoissance.

Une copie conforme à l'original déposée au département de l'Ardêche. Louis déclare n'en avoir aucune connoissance.

Une copie conforme à l'original des pouvoirs donnés à Dusaillans. Louis déclare n'en avoir aucune connoissance.

Une copie d'instructions et pouvoirs donnés à M. Convay par les freres du roi. Louis déclare n'en avoir aucune connoissance.

Autre copie d'original déposé. Louis déclare n'en avoir aucune connoissance.

Une lettre de Bouillé, portant compte de neuf cent mille livres reçues de Louis. Il déclare n'en pas avoir connoissance.

Une liasse contenant cinq pièces trouvées dans le porte-feuille de Septeuil, deux portant des bons signés *Louis*, et des reçus de Bonnières, et les autres étant des billets. Louis déclare n'en pas avoir connoissance.

Une liasse de huit pièces de mandats signés

Louis, au profit de Rochefort. Louis déclare n'en pas avoir connoissance.

Un billet de Laporte, sans signature. Louis déclare n'en pas avoir connoissance.

Une liasse contenant deux pièces relatives à un don fait à madame Polignac, à M. Lavauguyon. Louis déclare n'en pas avoir connoissance.

Un billet signé des freres du roi. Louis déclare ne pas le reconnoître, ni l'écriture, ni les signatures.

Une lettre de Toulongeon aux freres du roi. Il déclare n'en avoir aucune connoissance.

Une liasse relative à Choiseul-Gouffier et à ses agens. Louis déclare n'en avoir aucune connoissance.

Une lettre de Louis à l'évêque de Clermont. Il déclare ne pas la reconnoître, ni la signature, ni l'écriture, et que bien des gens avoient des cachets aux armes de France.

Une copie signée *Desniés*. Louis déclare ne pas la reconnoître.

Un bordereau de paiement de la garde du roi, signé *Desniés*, C[re]. Louis déclare ne pas le reconnoître.

Une liasse contenant les sommes payées à Gilles, pour une compagnie de soixante hommes

Louis déclare n'en reconnoître aucune pièce.

Une pièce relative aux pensions. Louis déclare ne pas la reconnoître.

Une lettre de Dufresne-St-Léon. Louis déclare ne pas la reconnoître.

Un imprimé contre les jacobins. Louis déclare n'en avoir aucune connoissance.

Le président lui dit : Louis, la convention nationale vous permet de vous retirer.

On propose ensuite et la convention rend le décret suivant :

La convention nationale décrète que le commandant général de la garde-nationale de Paris, reconduira sur-le-champ Louis Capet au Temple.

Un membre propose quelques articles de décret sur Louis XVI.

On lit l'article premier. On propose l'ajournement : il est mis aux voix et rejetté. On demande la question préalable ; elle est mise aux voix et rejettée. On propose, pour amendement, de retrancher de l'article la faculté de choisir plusieurs conseils. Cette proposition est mise aux voix, et l'épreuve paroît douteuse. On demande qu'on s'en tienne aux termes de la loi, un ou deux amis ou conseils. La question préalable est réclamée contre le dernier amendement, mise aux voix et rejettée. On propose, pour motion d'ordre, de décréter que Louis pourra choisir le conseil qu'il a demandé. Cette derniere proposition est mise aux voix, et l'assemblée rend le décret suivant :

La convention nationale décréte que Louis pourra prendre un conseil.

La séance est levée à sept heures.

Signé, B. Barere, *président*; Defermon, L. M. Lepelletier, Jeanbon-Saint-André, L. L. Saint-Just, Mailhe, Treilhard, *secrétaires*.

CONVENTION NATIONALE.

RÉSUMÉ
DES APPELS NOMINAUX

Faits dans les séances des 15 & 19 janvier 1793, l'an 2 de la république française, une & indivisible.

Sur ces quatre questions :

1°. *Louis Capet est-il coupable de conspiration contre la liberté publique, & d'attentat contre la sûreté générale de l'état ?*

2°. *Le jugement de la convention nationale contre Louis Capet, sera-t-il soumis à la ratification du peuple ?*

3°. *Quelle peine sera infligée à Louis ?*

4°. *Y aura-t-il un sursis, oui ou non, à l'exécution du décret qui condamne Louis Capet ?*

PREMIERE QUESTION.

Appel nominal fait le mardi 15 janvier 1793, l'an deuxième de la république française, sur cette question : *Louis Capet est-il coupable de conspiration contre la liberté publique, & d'attentat contre la sûreté générale de l'état ?*

37 votans ont motivé leur opinion, tous en déclarant Capet coupable.

Enfin 683 membres ont répondu affirmativement, oui.

DEUXIEME QUESTION.

Le jugement de la convention nationale contre Louis Capet, sera-t-il soumis à la ratification du peuple ?

Le président, après avoir proclamé le résultat de l'appel nominal, a prononcé le décret en ces termes :

« La convention nationale décrete que le jugement contre Louis Capet ne sera pas envoyé à la ratification du peuple. »

TROISIEME QUESTION.

Résultat de l'appel nominal du 17 janvier, sur la question : Quelle peine infligera-t-on à Louis Capet?

L'assemblée est composée de . . . . 749 membres.

Il s'est trouvé 15 membres absens par commission . . . .
7 *idem* par maladie . . . . . .
1 *idem* sans cause . . . .
5 non votans . . . . } 28

Reste . . . . 721 votans.

La majorité absolue est de ..... 361. Sur quoi .. 2 ont voté pour les fers.

286 pour la détention et le bannissement à la paix, ou pour le bannissement immédiat, ou pour la réclusion; & quelques-uns y ont ajouté la peine de mort conditionnelle, si le territoire étoit envahi.

46 ont voté pour la mort avec sursis, soit après l'expulsion des Bourbons, soit à la paix, soit à la ratification de la constitution.

334

361 ont voté pour la mort.

26 pour la mort, en demandant une discussion sur le point de savoir s'il conviendroit à l'intérêt public qu'elle fût ou non, différée, et en déclarant leur vœu indépendant de cette demande.

387

RÉSUMÉ.

Pour la mort sans condition 387

Pour la détention, etc. ou la mort conditionnelle 334

Absens, ou non votans 28

Total 749

Décrets prononcés dans la séance du 20 janvier 1793, l'an second de la république, une et indivisible.

QUATRIEME QUESTION.

Résultat de l'appel nominal sur la question du sursis à l'exécution du jugement contre Louis Capet :

L'assemblée est composée de 749 membres.

De mort 1

Absens par commission 17

Absens par maladie 21

Absens sans cause connue 8

Qui n'ont point voulu ou qui n'ont pas voté 12

59

Reste votans 690

Moitié 345

Plus 1

Majorité absolue 346

Pour le sursis . . . . 310 voix

Point de sursis 380

Total égal au nombre 690

Les vœux pour le non-sursis, sont au nombre de 380

Les voix au-dessus de la majorité sont au nombre de 34

La convention nationale décrete qu'il ne sera point sursis à l'exécution du jugement de Louis Capet.

Du 20 janvier. Jugement prononcé contre Louis Capet.

Extrait des procès-verbaux des séances de la convention nationale, des 15, 17, 19 & 20 janvier 1793, l'an deuxième de la république française.

ART. I. La convention nationale déclare Louis Capet, dernier roi des français, coupable de conspiration contre la liberté de la nation, et d'attentat contre la sûreté générale de l'état.

II. La convention nationale déclare que Louis Capet subira la peine de mort.

III. La convention nationale déclare nul l'acte de Louis Capet, apporté à la barre par ses conseils, qualifié *d'appel à la nation* du jugement contre lui rendu par la convention; défend à qui que ce soit d'y donner aucune suite, à peine d'être poursuivi et puni comme coupable d'attentat contre la sûreté générale de la république.

IV. Le conseil exécutif-provisoire notifiera dans le jour, le présent à Louis Capet, et prendra les mesures de police et de sûreté nécessaires pour en assurer l'exécution dans les vingt-quatre heures, à compter de la notification, et rendra compte du tout à la convention nationale, immédiatement après qu'il aura été exécuté.

Décret concernant Louis Capet.

Sur la proposition d'un membre, la convention nationale autorise le conseil-exécutif-provisoire à satisfaire aux demandes de Louis, à l'exception du délai sur lequel elle passe à l'ordre du jour.

Autorise pareillement le conseil à répondre à Louis, que la nation française, aussi grande dans sa bienfaisance, que rigoureuse dans sa justice, prendra soin de sa famille, et lui assurera un sort convenable.

Du 21 Janvier. Décret concernant l'inhumation du corps de Louis Capet.

Un membre a demandé que le conseil-exécutif fût chargé de faire inhumer le corps de Louis Capet dans le lieu ordinaire destiné aux inhumations de la section, dans l'étendue de laquelle il sera supplicié : cette proposition est décrétée.

Mort de Louis Capet, 16e du nom, le 21 janvier 1793.

Le commandant général et les commissaires de la commune sont montés à huit heures et demie du matin dans l'appartement où étoit Louis Capet : le commandant lui a signifié l'ordre qu'il venoit de recevoir pour le conduire au supplice. Louis après avoir parlé trois minutes à son confesseur, a présenté un paquet à un des commissaires pour être remis au conseil général de la commune. Il est monté en voiture avec son confesseur et deux officiers de gendarmerie, et il est arrivé à dix heures dix minutes à la place de la révolution. Il s'est deshabillé est monté à l'échafaud. Il a voulu haranguer le peuple ; mais l'exécuteur des jugemens criminels, l'a mis en devoir de subir son jugement. La tête de Louis est tombée, elle a été montrée en spectacle. Le cadavre a été transporté sur-le-champ et inhumé dans la ci-devant église de la Madelaine.

ANALYSE

ANALYSE DES PIECES

DU PROCÈS DE LOUIS CAPET,

Qui ont servi de fondement à son jugement.

Louis Capet, cet infâme et dernier tyran des français, existoit encore, quand la voix du peuple souverain convaincu de ses exécrables forfaits, demanda à grands cris, le supplice de ce barbare, décoré par la sottise et la foiblesse, du nom ridicule de *roi*.

Ses crimes abominables provoquoient cette vengeance, et nous en offrons ici le tableau; afin que la postérité connoisse la justice fiere et sublimement terrible d'un peuple qui ne veut dépendre que de la loi émanée par lui.

On avoit détourné des lieux ordinaires où se faisoient les dépôts des *registres* et papiers de la ci-devant liste civile, trouvée dans l'estomac de la femme *Morillon* jeune, femme du secrétaire de *Septeuil*, deux lettres, lesquelles annonçoient qu'il avoit été fait des acquisitions en *froment*, *sucre*, *café*, pour des millions; et trois clefs, dont deux étoient celles qui ouvroient les porte-feuilles trouvés chez *Cormeil*, ex-procureur, lesquels porte-feuilles contenoient toutes les perfidies de Louis Capet et sa femme; lesquelles négociations ont été menées par *Septeuil*, d'Orvilliers son frere, et *Pope*, négociant d'Hambourg; dans ces lettres on leur reprochoit qu'ils avoient tort de ne pas vouloir vendre lesdites marchandises à 10 pour 100 de bénéfice, en alléguant que les sucres ne coûtoient que 22 24 et 26 sols la livre; c'est à se sujet que Louis le traître se portat caution pour la somme de deux millions, à prendre cent dix mille livres par mois sur *sa liste civile*. Elle demeuroit *rue neuve du Luxembourg*, n°. 3, chez *marie-élisabeth Pelletier*, femme *Boucher*, marchande épiciere; laquelle avoit reçu en dépôt trois paquets contenant les registres de dépenses, parties double de la ci-devant liste civile, et les *placets*, *réclamations* des esclaves qui avoient des pensions sur la cassette du *tyran*; pareillement trouvés dans ces paquets, *une somme de cent soixante-quatre mille, cinq cens soixante-onze livres, huit sols neuf deniers*, en assignats et billets de caisse les mêmes paquets contenoient des titres d'acquisition sur le district de Meaux, qui avoient été achetés par des prête-noms, pour des sommes considérables, notamment *Boucher*, garçon de caisse de la ci-devant liste civile, étoit ce prétendu acquéreur.

On trouva de plus rue *Sainte-Croix de la Bretonnerie*, n°. 38, chez le nommé *Morillon* l'aîné, une somme de *quarante-huit mille livres* en or, et vingt mille livres en billets de caisse et assignats.

Il fut trouvé de même au ci-devant cloître Notre-Dame, chez *Cormeil*, ex-procureur au Châtelet, deux grands porte-feuilles, lesquels contenoient onze mille livres en or, et quantité de superbes diamans et bijoux : les reçus signés *Louis*, notamment un en date du 10 août, portant état des sommes considérables qui avoient été englouties par la conduite perfide de ce tyran ; et plus, deux bons, signés *Marie-Antoinette*, dont l'un spécifie une somme en numéraire, portant que cette harpie avoit reçu le 10 août, qui est, à n'en pas douter, l'argent que recevoit *Marie-Antoinette* pour le distribuer aux suisses à la journée mémorable du 10 août.

Il a résulté de ses recherches qu'il a été payé au ci-devant d'Artois, les 15 et 19 juillet 1791, une somme de *deux cens mille livres*. Un semblable titre qui indique qu'il a été payé au nommé *Descautre*, imprimeur, une somme de *vingt mille livres*, les borderaux des sommes considérables données à *Favras*, à *Durand* est autres semblabes scélérats coalisés.

Des lettres anonymes, d'autres signé *Lameth* = un mémoire de *neuf cens mille livres* quittancé par le *traître Bouillé.*

Différens paquets d'assignats qui produisirent ensemble *soixante six mille neuf cens vingt-six livres onze sols neuf deniers*; plus, une lettre en date du 15 décembre 1791, où le ci-devant roi garantit personnellement au nommé *Duney*, le remboursement sur sa liste civile, pour la somme de *deux millions*; approuvé l'écriture ci-dessus, et signé *Louis.*

Tous ces faits sont attestés par des procès-verbaux rédigés par le citoyen *Tisset*, lors des poursuites qu'il a été chargé de faire contre les agens de la ci-devant liste civile. Lesquels prévenus ont signé auxdits procès-verbaux, en présence des autorités constituées que requéroit le citoyen Tisset, pour assister à ses scrupuleuses opérations.

TRIBUNAL CRIMINEL RÉVOLUTIONNAIRE.

Audience du 23 du premier mois, l'an second de la république.

Affaire de la veuve CAPET.

Interrogée de ses noms, surnoms, âge, qualités, lieu de naissance et demeure :

A répondu se nommer Marie-Antoinette-Loraine d'Autriche, âgée d'environ 38 ans, veuve du roi de France, née à Vienne, se trouvant lors de son arrestation dans le lieu des séances de l'assemblée nationale.

Le greffier donne lecture de l'acte d'accusation dont la teneur suit:

Antoine-Quentin Fouquier, accusateur public près le tribunal criminel révolutionnaire, établi à Paris par décret de la convention nationale du 10 mars 1793, l'an deuxième de la république, sans aucun recours au tribunal de cassation, en vertu du pouvoir à lui donné par l'article II d'un autre décret de la convention, du 5 avril suivant, portant que l'accusateur public dudit tribunal est autorisé à faire arrêter, poursuivre et juger, sur la dénonciation des autorités constituées ou des citoyens.

Expose que suivant un décret de la convention du premier août dernier, Marie-Antoinette, veuve de Louis Capet, a été traduite au tribunal révolutionnaire, comme prévenue d'avoir conspiré contre la France; que par un autre décret de la convention, du 3 octobre, il a été décrété que le tribunal révolutionnaire s'occuperoit sans délai et sans interruption du jugement; que l'accusateur public a reçu les pieces concernant la veuve Capet, les 19 et 20 du premier mois de la seconde année, vulgairement dits 11 et 12 octobre du courant mois; qu'il a été aussi-tôt procédé, par l'un des juges du tribunal, à l'interrogatoire de la veuve Capet; qu'examen fait de toutes les pieces remises par l'accusateur public, il en résulte, qu'à l'instar des Messalines Branchaux, Frédégonde et Médicis, que l'on qualifioit autrefois de reines de France, et dont les noms à jamais odieux ne s'effaceront point des fastes de l'histoire, Marie Antoinette, veuve de Louis Capet, a été depuis son séjour en France, le fléau et la sangsue des Français; qu'avant même l'heureuse révolution qui a rendu au peuple français sa souveraineté, elle avoit des rapports politiques avec l'homme qualifié de roi de Bohême et de Hongrie, que ces rapports étoient contraires aux intérêts de la France; que non contente, de concert avec les frères de Louis Capet et l'infâme et exécrable Calonne, lors ministre des finances, d'avoir dilapidé, d'une maniére effroyable les finances de la France (fruit de sueurs du peuple,) pour satisfaire à des plaisirs desordonnés, et payer les agens de ces intrigues criminelles, il est notoire qu'elle a fait passer à differentes époques, à l'empereur, des millions qui lui ont servi et lui servent encore à soutenir la guerre contre la république, et que c'est par ces dilapidations excessives qu'elle est parvenue à épuiser le trésor public.

Grand nombre de témoins entendus, le président annonce que les débats sont terminés.

Fouquier, accusateur public, prend la parole et est entendu: il retrace la conduite perverse de la ci-devant cour, ses machinations continuelles contre une liberté qui lui déplaisoit, et dont elle vouloit voir la destruction à tel prix que ce fût, ses efforts pour allumer la guerre civile, afin d'en faire tourner le résultat à son profit, en s'appropriant cette maxime machiavélique, *diviser pour régner*; ses liaisons criminelles et coupables avec les puissances étrangeres, avec lesquelles la république est en guerre ouverte, ses intimités avec une faction scélérate, qui lui étoit dévouée et qui secondoit ses vues en entretenant dans le sein de la convention les haines et les dissentions, en employant tous les moyens possibles pour perdre Paris, en armant les départemens contre cette cité, et en calomniant sans cesse les généreux habitans de cette ville, mere et conservatrice de la liberté, les massacres exécutés par les ordres de cette cour corrompue dans les principales villes de France, notamment à Montauban, Nismes, Arles, Nancy, au champ-de-Mars, etc. etc. Il regarde Antoinette comme l'ennemie déclarée de la nation française, comme une des principales instigatrices des troubles qui ont eu lieu en France depuis quatre ans, et dont des milliers de français ont été les victimes, etc. etc.

On entend dans le plus grand silence Chauveau et Tronçon Ducoudray, nommés d'office par le tribunal pour défendre Antoinette; ils s'acquittent de ce devoir avec autant de zéle que d'éloquence.

Herman, président du tribunal, prend la parole et prononce le résumé suivant;

Le peuple français, par l'organe de l'accusateur public, a accusé devant le jury national Marie-Antoinette d'Autriche, veuve de Louis Capet, d'avoir été la complice ou plutôt l'instigatrice de la plupart des crimes dont s'est rendu coupable ce dernier tyran de la France; d'avoir eu elle-même des intelligences avec les puissances étrangéres, notamment avec le roi de Bohême et de Hongrie, son frere, avec les ci-devant princes français émigrés, avec des généraux perfides; d'avoir fourni à ces ennemis de la république des secours en argent, et d'avoir conspiré avec eux contre la sûreté extérieure et intérieure de l'état.

Un grand exemple est donné en ce jour à l'univers, et sans doute il ne sera point perdu pour les peuples qui l'habitent. La nature et la raison si long-tems outragées, sont enfin satisfaites, l'égalité triomphe.

Une femme qu'environnoit naguere tous les prestiges les plus brillans, que l'orgueil des rois et la bassesse des esclaves avoient pu inventer, occupe aujourd'hui au tribunal de la nation la place qu'occupoit il y a deux jours une autre femme, et cette égalité lui assure une justice impartiale. Cette affaire, citoyens jurés, n'est pas de celles où un seul fait, un seul délit est soumis à votre conscience et à vos lumiéres ; vous avez à juger toute la vie politique de l'accusée depuis qu'elle est venue s'asseoir à côté du dernier roi des français ; mais vous devez sur-tout fixer votre délibération sur les manoeuvres qu'elle n'a cessé un instant d'employer pour détruire la liberté naissante , soit dans l'intérieur, par ses liaisons intimes avec d'infâmes ministres , de perfides généraux , d'infidéles représentans du peuple, soit au dehors, en faisant négocier cette coalition monstrueuse des despotes de l'Europe , à laquelle l'histoire réserve le ridicule pour son impuissance ; enfin par ses correspondances avec les ci-devant princes français émigrés , et leurs dignes agens.

Si l'on eût voulu de tous ces faits une preuve morale, il eût fallu faire comparoître l'accusée devant tout le peuple français; la preuve matérielle se trouve dans les papiers qui ont été saisis chez Louis Capet, énumérés dans un rapport fait à la convention nationale par Gonier, l'un de ses membres , dans le recueil des piéces justificatives de l'acte d'accusation porté contre Louis Capet par la convention; enfin et principalement citoyens jurés, dans les événemens politiques dont vous avez été tous les témoins et les juges,

Et s'il eût été permis, en remplissant un ministére impassible, de se livrer à des mouvemens que la passion de l'humanité commandoit, nous eussions évoqué devant le jury national les mânes de nos frères égorgés à Nancy, au champ-de-Mars, aux frontières, à la Vendée, à Marseille, à Lyon, à Toulon, par suite des machinations infernales de cette moderne Médicis; nous eussions fait amener devant vous les pères, les mères, les épouses, les enfans de ces malheureux patriotes. Que dis-je? malheureux! ils sont morts pour la liberté, et fidéles à leur patrie. Toutes ces familles éplorées, et dans le désespoir de la nature, auroient accusé Antoinette de leur avoir enlevé ce qu'ils avoient de plus cher au monde, et dont la privation leur rend la vie insuppertable. Et en effet, si les satellites du despote autrichien ont entamé pour un moment nos frontières, et s'ils y commettent des atrocités dont l'histoire des peuples barbares ne fournit point encore d'exemple, si nos ports si nos camps, si nos villes sont vendues ou livrées, n'est-ce pas évidemment le dernier résultat des manoeuvres combinées au château des Tuileries, et dont Antoinette d'Autriche étoit l'instigatrice et le centre? Ce sont, citoyens jurés, tous ces événemens politiques qui forment la masse des preuves qui accablent Antoinette.

Quant aux déclarations qui ont été faites dans l'instruction du procès, et aux débats qui ont eu lieu, il en est résulté quelques faits qui viennent directement à la preuve de l'accusation principale portée contre la veuve Capet. Tous les autres détails, faits pour servir à l'histoire de la révolution, ou au procès de quelques personnages fameux, et de quelques fonctionnaires publics infidèles, disparoissent devant l'accusation de haute-trahison qui pèse essentiellement sur la tête d'Antoinette d'Autriche, veuve du ci-devant roi.

Il est une observation générale à recueillir, c'est que l'accusée est convenue qu'elle avoit la confiance de Louis Capet.

Il résulte encore de la déclaration de Valazé, qu'Antoinette étoit consultée dans les affaires politiques, puisque le ci-devant roi vouloit qu'elle fût consultée sur un certain plan dont le témoin n'a pu ou voulu dire l'objet.

L'un des témoins dont la précision et l'ingénuité ont été remarquables, vous a déclaré que le ci-devant duc de Coigny lui avoit dit en 1788 qu'Antoinette avoit fait passer à l'empereur son frère 200 millions, pour lui aider à soutenir la guerre qu'il faisoit alors.

Depuis la révolution, un bon de 60 à 80000 l.

signé *Antoinette*, et tiré sur Septeuil, a été donné à la Polignac, alors émigrée, et une lettre de Laporte recommandoit à Septeuil de ne point laisser la moindre trace de ce don.

Lecointre de Versailles vous a dit comme témoin oculaire, que, depuis l'année 1789, des sommes énormes avoient été dépensées à la cour pour des fêtes dont Marie-Antoinette étoit toujours la déesse.

Le premier octobre, un repas, ou plutôt une orgie est ménagée entre les gardes-du-corps et les officiers du régiment de Flandres, que la cour avoit appellés à Versailles, pour servir ses projets. Antoinette y paroît avec le ci-devant roi et le dauphin qu'elle promène sur les tables; les convives crient : vive le roi! vive la reine! vive le dauphin! au diable la nation! le résultat de cette orgie est que l'on foule aux pieds la cocarde tricolore, et l'on arbore la cocarde blanche.

L'un des premiers jours d'octobre, le même témoin monte au château; il voit dans la galerie des femmes attachées à l'accusée, distribuant des cocardes blanches, en disant à chacun de ceux qui avoient la bassesse de les recevoir : conservez-la bien; et ces esclaves mettant un genou en terre, baisoient ce signe odieux qui devoit faire couler le sang du peuple.

Lors du voyage connu sous le nom de Varennes, c'est l'accusée qui, de son aveu, a ouvert les portes pour la sortie du château; c'est elle qui a fait sortir sa famille.

Au retour du voyage et à la descente de la voiture, l'on a observé sur le visage d'Antoinette et dans ses mouvemens, le désir le plus marqué de vengeance.

Le 10 août, où les suisses du château ont osé tirer sur le peuple, l'on a vu sous le lit d'Antoinette, des bouteilles vuides et pleines.

Un autre témoin a dit avoir connoissance que les jours qui ont précédé cette journée, les suisses ont été régalés, pour me servir de son expression, et ce témoin habitoit le château.

Quelques-uns des suisses expirans dans cette journée, ont déclaré avoir reçu de l'argent d'une femme, et plusieurs personnes ont attesté qu'au procès de d'Affry, il est établi qu'Antoinette lui a demandé, à l'époque du 10 août, s'il pouvoit répondre de ses suisses? pouvons-nous, écrivoit Antoinette à d'Affry, compter sur vos suisses? feront-ils bonne contenance lorsqu'il en sera tems?

Les personnes qui par devoir de surveillance, fréquentoient le temple, ont toujours remarqué dans Antoinette un ton de révolte contre la souveraineté du peuple. Elles ont saisi une image représentant un cœur, et cette image est un signe de ralliement dont presque tous les contre-révolutionnaires que la vengeance nationale a pu atteindre, étoient porteurs.

Après la mort du tyran, Antoinette suivoit au temple, à l'égard de son fils, tout l'étiquette de l'ancienne cour. Le fils de Capet étoit traité en roi. Il avoit dans tous les détails de la vie domestique, la préséance sur sa mere. A table il tenoit le haut-bout, il étoit servi le premier.

Je ne vous parlerai point, citoyens jurés, de l'incident de la conciergerie, de l'entrevue du chevalier de S. Louis, de l'œillet laissé dans l'appartement de l'accusée, du papier piqueté ou plutôt préparé en réponse.

Cet incident n'est qu'une intrigue de prison qui ne peut figurer dans une accusation d'un si grand intérêt.

Je finis par une réflexion générale que j'ai déja eu occasion de vous présenter. C'est le peuple français qui accuse Antoinette ; tous les événemens politiques qui ont eu lieu depuis cinq années, déposent contre elle.

Voici les questions que le tribunal a arrêté de vous soumettre :

1°. Est-il constant qu'il ait existé des manœuvres et intelligences avec les puissances étrangères et autres ennemis extérieurs de la république; lesdites manœuvres et intelligences tendant à leur fournir des secours en argent, à leur donner l'entrée du territoire français et à y faciliter le progrès de leurs armes?

2°. Marie-Antoinette d'Autriche, veuve de Louis Capet, est-elle convaincue d'avoir coopéré aux manœuvres et d'avoir entretenu ces intelligences?

3°. Est-il constant qu'il ait existé un complot et conspiration tendant à allumer la guerre civile dans l'intérieur de la république?

4°. Marie-Antoinette d'Autriche, veuve de Louis Capet, est-elle convaincue d'avoir participé à ce complot et conspiration?

Les jurés, après avoir resté environ une heure aux opinions, rentrent à l'audience, et font une déclaration affirmative sur toutes les questions qui leur ont été soumises.

Le président prononce au peuple le discours suivant.

Si ce n'étoit pas des hommes libres, et qui par conséquent sentent toute la dignité de leur être, qui remplissent l'auditoire, je devrois peut-être leur rappeller qu'au moment où la justice nationale va prononcer la loi, la raison, la moralité, leur commandent le plus grand calme;

calme ; que la loi leur défend tout signe d'approbation, et qu'une personne de quelque crime qu'elle soit couverte, une fois atteinte par la loi, n'appartient plus qu'au malheur et à l'humanité.

L'accusée est amenée à l'audience.

Le président à l'accusée : Antoinette, voilà quelle est la déclaration du jury.

On en donne lecture.

Vous allez entendre le réquisitoire de l'accusateur public.

Fouquier prend la parole et requiert que l'accusée soit condamnée à la peine de mort, conformément à l'article premier de la premiére section du titre premier de la deuxième partie du code pénal, lequel est ainsi conçu :

Toute manœuvre, toute intelligence avec les ennemis de la France, tendant soit à faciliter leur entrée dans les dépendances de l'empire français, soit à leur livrer des villes, forteresses, ports, vaisseaux, magasins ou arsenaux appartenant à la France, soit à leur fournir des secours en soldats, argent, vivres ou munitions, soit à favoriser d'une maniére quelconque le progrès de leurs armes sur le territoire français ou contre nos forces de terre ou de mer, soit à ébranler la fidélité des officiers, soldats et des autres citoyens envers la nation française, seront punis de mort.

Et encore à l'article II de la première section du titre premier de la seconde partie du même code, lequel est ainsi conçu :

Toutes conspirations et complots tendant à troubler l'état par une guerre civile, en armant les citoyens les uns contre les autres, ou contre l'exercice de l'autorité légitime, seront punis de mort.

Le président interpelle l'accusée de déclarer si elle a quelques réclamations à faire sur l'application des loix invoquées par l'accusateur public. Antoinette secoue la tête en signe de négative. Sur la même interpellation faite aux défenseurs, Tronçon prend la parole et dit : citoyen président, la déclaration du jury étant précise et la loi formelle à cet égard, j'annonce que mon ministére à l'égard de la veuve Capet est terminé.

Le président recueille les opinions de ses collégues et prononce le jugement suivant :

Le tribunal, d'après la déclaration unanime du jury, faisant droit sur le réquisitoir e de l'accusateur public, d'après les loix par lui citées, condamne ladite Marie-Antoinette, dite Lorraine d'Autriche, veuve de Lo uis Capet, à la peine de mort; déclare, conformément à la loi du 10 mars dernier, ses biens, si aucuns elle a dans le territoire français, acquis et confisqués au profit de la république; ordonne qu'à la requête de l'accusateur public, le présent jugement sera exécuté sur la place de la révolution, imprimé et affiché dans toute l'étendue de la république.

Le visage de la condamnée n'est nullement altéré. On la reconduit en la maison d'arrêt de la conciergerie.

Il est quatre heures et demie du matin.

Cinquième jour de la troisième décade du premier mois de l'an second de la république française, une et indivisible.

A cinq heures, le rappel fut battu dans toutes les sections; à sept, toute la force armée fut sur pied, des canons furent placés aux extrémités des ponts, places et carrefours qui se trouvent depuis le palais jusqu'à la place de la révolution; à dix heures, de nombreuses patrouilles parcoururent les rues de Paris; la circulation des voitures fut interrompue dans les rues où devoit passer la veuve Capet; à onze heures, Antoinette est sortie de la conciergerie, vêtue d'un deshabillé du matin, piqué blanc. Elle monta dans la voiture de l'exécuteur, ayant à ses côtés un prêtre constitutionnel, et escortée par de nombreux détachemens de gendarmerie à pied et à cheval.

Antoinette, le long de la route, regardoit indifféremment la force armée qui, au nombre de plus de trente mille hommes, formoient une double haie dans les rues où elle a passé ; on n'appercevoit sur son visage ni abattement ni fierté, elle avoit l'air calme et paroissoit insensible aux cris de *vive la république*, *à bas la tyrannie*, qu'elle n'a cessé d'entendre sur son passage ; en général, elle parloit peu au confesseur, et fixoit avec une certaine indifférence les personnes qui se trouvoient aux fenêtres ; les flâmes tricolores parurent occuper son attention, dans les rues du Roule et S. Honoré ; on remarquoit qu'elle jettoit les yeux sur les inscriptions placées aux frontispices des maisons ; celle placée sur la porte du palais de l'égalité ne lui échappa point ; à midi étant arrivée sur la place de la révolution ; elle tourna les yeux du côté du jardin national, ce fut alors qu'elle changea de couleur et devint beaucoup plus pâle qu'elle n'avoit été jusqu'alors, elle monta ensuite sur l'échafaud assez effrontément ; après sa mort, l'exécuteur montra sa tête au peuple, au milieu des cris mille fois répétés de *vive la république*.

OBSERVATION sur *Louis Capet*, dernier tyran des français, & *Antoinette-Lorraine d'Autriche*, mégére née en Hongrie, & venue en France pour le malheur du peuple français.

Vous frémirez, républicains français, au tableau horrible que nous transmettons à la postérité, des forfaits exécrables de Capet, & de la furie détestable que le destin, ou plutôt la barbarie avoit associé à son sort. L'un & l'autre monstrueusement perfides, signalerent leurs abominables actions par un tissu de vols & de méchancetés atroces. Ce qui met le combie à l'affreux historique de ces événemens dont un jour la postérité frémira d'horreur, c'est que ces scélérats étoient entourés, secondés, servis à propos : Eh ! par qui ? par une partie des représentans du peuple d'alors. Monstres qui trahissiez les intérêts de vos commettans, vos crimes ont été punis ; mais que cette punition est légere, en raison de vos attentats !

Un nombre infini d'agens de ces trames odieuses, sont encore détenus, & n'ont pas payé de leurs têtes les indignes secours qu'ils ont rendus à ce couple féroce, à cet égard. Le citoyen Tisset, préposé au comité de surveillance du département de Paris, peut donner d'utiles renseignemens, quand il en sera réquis. O ! sages législateurs, dignes peres du peuple, sévissez contre tous les lâches individus (*libres encore*) qui entouroient ces tyrans & qui étoient infâmément soudoyés par eux. Le peuple admirateur de vos travaux, applaudira à ce progrès de surveillance.

Louis Capet alla au supplice qu'il avoit justement méfité, avec cette pusillanimité qu'il montra dans tous les tems.

Antoinette conserva en chemin une tranquillité féroce. Son orgueil perçoit à travers cette tranquillité ; il se manifesta cependant en elle un mouvement d'effroi à la vue de la redoutable méchanique, mais qui, grâces à l'exécution, ne dura pas.

Audience du 26 vendémiaire, l'an 2e de la république française.

Pierre-Germain Lallemand, âgé de ... receveur des rentes, est accusé d'avoir recueilli et même distribué des écrits tendans à provoquer le rétablissement de la royauté en France, l'avilissement de la convention nationale et des autorités constituées ; d'avoir entretenu des correspondances avec les ennemis de la république ; d'avoir facilité à quelques-uns d'eux le paiement des pensions, quoiqu'ils n'aient pas prêté e serment ; d'avoir été trouvé nanti de pièces datées du premier mois *diabolique* de la republique *infernale*, a été condamné à la peine de mort, ses biens acquis et confisqués au profit de la république, et le jugement exécuté sur la place de la révolution de cette ville.

X

Audience du même jour.

Joachim Pichelin, âgé de ... et jean-baptiste Miclau, âgé de .. grenadier et caporal au vingt-neuvème régiment d'infanterie, convaincus d'avoir l'un et l'autre tenu, dans les premiers jours du mois de septembre dernier, dans des cabarets et cafés de la ville de Blois, des propos tendans à provoquer le rétablissement de la royauté en France, l'avilissement de la souveraineté du peuple et de la convention; comme aussi d'avoir proposé au citoyen tenant l'auberge de l'Ecu à Blois, de lui vendre du numéraire pour des assignats, ont été condamnés à la peine de mort, leurs biens acquis et confisqués au profit de la république.

L'exécution desdits condamnés, ainsi que de pierre-germain Lallemand, a eu lieu sur la place de la révolution, le 28 octobre, vers midi.

Audience du 27 vendémiaire, l'an 2 de la république française.

Affaire d'Armentières.

Le tribunal s'est occupé de l'affaire de pierre-françois Malengié, jean-baptiste-joseph Blawart, antoine Carpentier, constant-benoît Salon, paul-françois-joseph Clarisse, pierre-françois Benoît, pelerin-guy Jouart, antoine-joseph Rouzé, jean-baptiste-joseph Demay, françois-xavier joseph Plankaert, antoine-françois-joseph Delettré, et philippe-joseph Baucamp, tous prévenus d'avoir voulu livrer à l'ennemi la ville d'Armentières, département du Nord.

Il résulte de l'acte d'accusation, dont le greffier a donné lecture, que, dans une des affaires qui eurent lieu dans le courant du mois de septembre dernier, entre nos armées du Nord et celles des puissances coalisées, il a été trouvé, dans la poche d'un officier hollandois, mort sur le champ de bataille, une note dont l'original est ajouté aux pièces, conçue en ces termes : Etat d'une partie des bourgeois royalistes d'Armentières, MM. Malengié, deux cens ouvriers ; les trois frères Carpentier, Benoît, Loise, Clarisse, Chapelier, a huit ouvriers, Salon, bourgeois, rue d'Erguinghem ; Planckaert, négociant, a dix ouvriers ; Baucamp, marchand, Rouzé, tailleur, Delettré, négociant, Demay, rue de Flandre, et plus de cent employés, tous royalistes.

La garnison est de deux compagnies bourgeoises & deux compagnies de volontaires, qui forment en tout huit cens hommes mal montés & mauvaises troupes. La garnison est obligée de fournir tous les jours deux détachemens, l'un à Houplines, l'autre à Nieppe, qui font renforcés de cent hommes des Belges. Endroits pour l'attaque: 1°. de la Chapelle rompue à la porte de Flandre, il faut feulement de longues planches pour passer les eaux qui se trouvent-là; 2°. le pont de Nieppe, allant à Bailleul; tous les matins il y vient une garde de cinq à fix hommes. Il faut se cacher & intercepter ce pont; pour lors on avance jusqu'à la porte. Ils crieront, *qui vive* ? On répond, *quatorziéme bataillon*.

Dans cette cause il n'a point été entendu de témoins, les débats ont eu lieu sur les piéces du procès, sur plusieurs autres qui attestent que plusieurs des accusés sont des contre-révolutionnaires décidés qui n'attendoient que le moment favorable pour livrer Armentieres à l'ennemi.

Voici quel a été le jugement rendu contre les accusés:

Le tribunal, d'après la déclaration unanime du jury, portant;

1°. Qu'il est constant qu'il a été pratiqué des manœuvres & intelligences tendant à livrer la ville d'Armentieres aux ennemis, & à favoriser le progrès de leurs armes sur le territoire de la république ;

2°. Que Pierre-François Malengié est convaincu d'avoir pratiqué lesdites manœuvres & intelligences ;

Que Pellerin-Guy Jouart est convaincu d'avoir pratiqué lesdites manœuvres & intelligences.

Qu'Antoine-François-Joseph Delettré est convaincu d'avoir pratiqué lesdites manœuvres & intelligences ;

Que Paul-François-Joseph Clarisse est convaincu d'avoir pratiqué lesdites manœuvres & intelligences.

Mais qu'Antoine-Joseph Rouzé, Antoine Charpentier, Philippe-Joseph Beaucamp, Pierre-François-Joseph Benoît, Jean-Baptiste-Joseph Demay, Jean-Baptiste-Joseph Blauwart, François-Xavier-Joseph Planckaert & Constant Benoît Salon ne sont point convaincus d'avoir pratiqué lesdites manœuvres & intelligences.

Faisant droit sur les conclusions de l'accusateur-public, condamne lesdits Malengié,

Guy Jouart, Delettré & Clarisse, à la peine de mort, conformément à l'article IV de la premiere section du titre premier de la deuxième partie du code pénal, dont il a été donné lecture; déclare leurs biens acquis & confisqués au profit de la république; ordonne que le présent jugement sera à la diligence de l'accusateur-public, exécuté sur la place de la révolution de cette ville, imprimé & affiché dans toute l'étendue de la république.

A l'égard desdits Rouzé, Carpentier, Beaucamp, Benoît, Demay, Blauwart, Planckaert & Salon, les déclare acquittés de l'accusation contre eux intentée à la requête de l'accusateur-public; néanmoins ordonne, conformément à la loi du 17 septembre dernier que lesdits susnommés, à l'exception de Beaucamp & Demay, seront mis en état d'arrestation jusqu'à la paix.

Beaucamp & Demay ont été sur-le-champ mis en liberté.

L'exécution a eu lieu le lendemain vers midi.

PREMIERE SECTION.

Audience du premier brumaire, l'an 2e. de la république française.

Louis-Aimon Pornon, adminiſtrateur de la loterie nationale, natif de Ville-affranchie (Lyon) demeurant à Paris, rue des Fossés-Montmartre, arrêté à Nevers, & trouvé porteur d'un faux passe-port, convaincu d'avoir entretenu des intelligences & correspondances avec les rebelles de Lyon, & coopérer aux complots & conspirations tendans à troubler l'état par une guerre civile, en armant les citoyens les uns contre les autres & contre l'exercice de l'autorité légitime, a été condamné à la peine de mort; l'exécution a eu lieu le lendemain vers midi.

A l'égard de Claude Paul, dit Pascal, son domestique, il a été acquitté de l'accusation & mis en liberté.

SECONDE SECTION.

Audience du 2 brumaire, l'an 2e. de la république française.

Jugement rendu contre PASTOUREL.

Le tribunal, d'après la déclaration du jury, portant :

1. Qu'il est constant qu'en la commune de Saint-Hilaire, dans le courant du mois de juin dernier, il a été pratiqué des intelligences et manœuvres tendant à favoriser les progrès des rebelles alors occupant Saumur, notamment en rétractant les sermens prescrits par les loix, en publiant dans l'église une proclamation du chef des brigands.

2. Que pierre-hypolite Pastourel, âgé de quarante-trois ans, curé de Saint-Hilaire, est convaincu d'être l'auteur de ces intelligences & manœuvres.

3. Qu'il l'a fait avec des intentions contre-révolutionnaires.

Faisant droit sur les conclusions de l'accusateur public, condamne ledit Pastourel à la peine de mort, conformément à l'article 4 de la section première du titre premier de la seconde partie du code pénal ; dont il a été donné lecture ; déclare ses biens acquis & confisqués au profit de la république : ordonne que le présent jugement sera exécuté sur la place de la révolution, imprimé & affiché dans toute l'étendue de la république.

Seconde audience du même jour.

Jugement de Bruslé.

Le tribunal, d'après la déclaration du jury ; portant :

1. Qu'il est constant que le 23 vendémiaire, l'an 2e de la république, il a été tenu, dans les bureaux du citoyen Brunault, des propos tendans à provoquer le rétablissement de la royauté en France.

2. Que jean-baptiste Bruslé, natif d'Invers, district de Châteaudun, ci-devant curé de la paroisse Saint-Laurent de Nogent-le-Rotrou, est convaincu d'avoir été l'auteur de ces propos & tentatives.

Faisant droit sur les conclusions de l'accusateur public, condamne ledit Bruslé à la peine de mort, conformément à la loi du 4 décembre dernier, dont il a été donné lecture; déclare ses biens acquis & confisqués au profit de la république : ordonne que le présent jugement sera exécuté sur la place de la révolution de cette ville, imprimé & affiché dans toute l'étendue de la république.

L'exécution de Buslé a eu lieu le même jour, vers les cinq heures du soir, avec Pastourel.

Audience du 3 brumaire, l'an 2e de la république.

Le tribunal, d'après la déclaration du jury, portant :

1. Qu'il est constant qu'en la commune de Chambocenit, district de Corbeil, département de Seine & Oise, à différentes époques de l'an premier et de l'an second de la république, il a été pratiqué des manœuvres tendantes à ébranler la fidélité des citoyens envers la nation française, & à favoriser ses ennemis ;

2. Que remi Martin, âgé de trente-six ans, bûcheron, vigneron & officier municipal de

la commune de Champcenil, est convaincu d'avoir été l'auteur de ces manœuvres ;

3. Qu'il est constant qu'en la commune de Champcenil, à différentes époques de l'an premier & de l'an second de la république, il a été tenu des propos contenant provocation à la dissolution de la représentation nationale ;

4. Que remi Martin est convaincu d'avoir été l'auteur de ces propos.

Faisant droit sur les conclusions de l'accusateur public, condamne ledit remi Martin à la peine de mort, conformément à l'article 4 de la premiere section du titre premier de la seconde partie du code pénal, & encore à l'art. 4 titre premier du même code, dont il a été donné lecture ; déclare ses biens acquis & confisqués au profit de la république : ordonne que le présent jugement sera exécuté sur la place de la révolution de cette ville.

L'exécution a eu lieu le 4 brumaire.

Seconde audience du même jour.

Jugement de JANSON.

Pierre-claude Janson, âgé de vingt-un ans, canonnier, de la compagnie de Launoy,

caserne

caserne Barriere-d'Enfer ; natif de Ville-affranchie (Lyon), demeurant à Paris, rue Soly, convaincu, d'après la déclaration du jury, d'avoir pratiqué des manœuvres & intelligences tendantes à ébranler la fidélité des soldats envers la république française, & à rétablir la royauté en France, a été condamné à la peine de mort.

L'exécution a eu lieu le lendemain, avec remi Martin, vers midi.

Audience du 6 brumaire, l'an 2 de la république.

Jugement rendu contre LAROCHE.

Le tribunal, d'après la déclaration du jury, portant :

Qu'il est constant que dès le mois de février 1791, jusqu'au mois de septembre 1792, à l'aide de faux passe-ports, de signes de ralliement contre-révolutionnaires, moyennant des sommes & créances émanées des émigrés, pour des voyages à l'étranger & dans l'intérieur de la république, il a été entretenu avec les ennemis de la France des intelligences tendant à faciliter le progrès de leur armes sur le territoire de la république.

Que louis-antoine Laroche, natif de Fontenelle, département de la Haute-Garonne, ci-devant noble, prêtre & bénéficier, est convaincu d'avoir entretenu ces intelligences.

Faisant droit sur le réquisitoire de l'accusateur public, condamne ledit Laroche à la peine de mort, conformément à l'article IV de la premiere section du titre premier de la deuxiéme partie du code pénal, dont il a été donné lecture; déclare ses biens acquis & confisqués au profit de la république : ordonne que le présent jugement sera exécuté sur la place de la révolution de cette ville, imprimé & affiché dans toute l'étendue de la république.

L'exécution a eu lieu le même jour, à cinq heures du soir.

Audience du 3 du second mois de l'an 2e de la république.

Affaire de BRISSOT *et complices.*

Les prévenus interrogés de leurs noms, surnoms, âges, qualités, lieu de naissance et demeures :

Ont répondu se nommer, savoir :

Le premier, Jean-Pierre Brissot, âgé de 39

ans, homme de lettres et ci-devant député d'Eure et Loire à la convention nationale, natif de Chartres.

2. Pierre-Victorin Vergniaux, âgé de 35 ans homme de loi et ci-devant député de la Gironde à la convention nationale, natif de Limoges.

3. Arnaud Gensonné, âgé de 35 ans, homme de loi et ci-devant député de la Gironde, natif de Bordeaux.

4. Claude-Romain Lause-Duperret, âgé de 46 ans, agriculteur et député du département des Bouches-du-Rhône.

5. Jean-Louis Carra, âgé de 50 ans, homme de lettres, employé à la bibliothèque nationale et ci-devant député du département de Saône et Loire, natif de Pont-de-Vesles.

6. Jean-François-Martin Gardien, âgé de 39 ans, ci-devant procureur-général-syndic de Châtellerault et député du département d'Indre et Loire.

7. Charles-Eléonor Dufriche-Valazé, âgé de 42 ans, cultivateur-propriétaire, ci-devant député à la convention, natif de Luçon.

8. Jean Duprat, âgé de 33 ans, ci-devant négociant et député du département des Bouches-du-Rhône, natif d'Avignon.

9. Charles-Alexis Brulart-Sillery, âgé de 57

ans, vivant de ses revenus, député de la Somme, natif de Paris.

10. Claude Fauchet, âgé de 49 ans, évêque du Calvados, député du même département, natif d'Erne, département de la Nièvre.

11. Jean-François Ducos, âgé de 28 ans, homme de lettres, député du département de la Gironde, natif de Bordeaux.

12. Jean-Baptiste Boyer-Fonfrède, âgé de 27 ans, cultivateur-propriétaire, député du département de la Gironde, natif de Bordeaux.

13. Marc-David Lasource, âgé de 39 ans, député du Tarn, natif de....

14. Benoît Lesterpt-Beauvais, âgé de 43 ans, ci-devant receveur de district, député du département de la Haute-Vienne, natif de ...

15. Gaspard Duchastel, âgé de 27 ans, cultivateur, député du département des deux-Sèvres, natif de Rochecou, district de Thouars.

16. Pierre Mainvielle, âgé de 28 ans, député du département des Bouches-du-Rhône, natif d'Avignon.

17. Jacques Lacaze, âgé de 42 ans, négociant, député du département de la Gironde, natif de...

18. Pierre Lehardy, âgé de 35 ans, médecin, député du département de Morbihan, natif de Dinan.

19. Jacques Boileau, âgé de 41 ans, ci-devant juge de paix dans la ville d'Avallon, député du département de l'Yonne, natif d'Avallon.

20. Charles-Louis Antiböul, âgé de 40 ans, ci-devant homme de loi, puis procureur de la commune de Saint-Tropez, ensuite administrateur du département du Var, puis procureur-général-syndic et député du même département, natif de S. Tropez.

21. Louis-François-Sébastien Vigée, âgé de 36 ans, ci-devant grenadier dans le second bataillon de Mayenne et Loire, député du même département, natif de Rosière.

Tous demeurant à Paris.

Fabricius, greffier, donne lecture de l'acte d'accusation.

L'acte d'accusation lu, grand nombre de témoins entendus, les débats terminés ; ces pénibles opérations ont occupé pendant des jours entiers les séances du tribunal.

Après ce laps de tems, Antonelle, organe du jury, dit : je déclare que la conscience des jurés est suffisamment éclairée.

Le président : citoyens jurés, il a existé une conspiration contre l'unité, l'indivisibilité de la république, contre la liberté et la sûreté du peuple français.

Jean-Pierre Brissot, Pierre-Victorin Vergniaux, Arnaud Gensonné, Claude-Romain Lause-Duperret, Jean-Louis Carra, Jean-François-Martin Gardien, Charles-Eléonor Dufriche-Valazé, Jean Duprat, Charles-Alexis Brulart-Sillery, Claude Fauchet, Jean-François Ducos, Jean-Baptiste Boyer-Fonfrède, Marc-David Lasource, Benoît Lesterpt Beauvais, Gaspard Duchastel, Pierre Mainvielle, Jacques Lacaze, Pierre Lehardy, Jacques Boileau, Charles-Louis Antiboul et Louis-François-Sébastien Viger, sont-ils auteurs ou complices de cette conspiration?

Je vous invite, au nom de la loi, citoyens jurés, à vous retirer dans la chambre du conseil, pour y délibérer.

Les jurés sortent de l'audience.

Après trois heures de délibération, les jurés rentrent dans l'audience. Le plus grand silence regne parmi les assistans.

Le président interpelle les jurés sur les questions qui leur ont été soumises.

La réponse unanime est affirmative. Plusieurs motivent leurs opinions; l'un d'entr'eux (le citoyen Brochet), s'exprime ainsi.

« Il n'est plus étonnant que nous ayons vu

plusieurs fois la république à deux doigts de sa perte, par les machinations infernales de ses perfides ennemis.

» L'instruction de ce procès mémorable a dû convaincre, comme moi, le peuple qui pendant le cours des débats s'est rendu avec intérêt dans cette enceinte, qu'il réchauffoit dans son sein des serpens venimeux, qui, après quatre années de constance & de zéle, pour acquérir & conserver le plus précieux de tous les biens, la liberté & l'égalité, ont voulu par des manœuvres ténébreuses, étouffer cette même liberté, dans le lieu même qui l'avoit créée. Il a dû voir, ce peuple magnanime & généreux, par quelle astuce, sous les prétextes les plus absurdes, les accusés dans leurs conciliabules secrets, pour parvenir à leur but, appelloient sur Paris la force départementale, en projettant par ce moyen de fédéraliser les départemens, de cette immense cité, créatrice & conservatrice du feu sacré de la liberté, & en faisant enlever de leurs domiciles & incarcérer ses plus ardens défenseurs, pour allumer par ces moyens la guerre civile dans Paris : plan funeste qui auroit anéanti toutes nos plus cheres espérances, & perpétué à jamais l'esclavage du peuple français. Mais l'œil vigilant des patriotes, de ces hommes courageux qui ont osé parler *république* en 1789, ne les a pas perdus de vue, & après les avoir suivis dans leurs repaires nocturnes & criminels, a déjoué leurs complots, en les prenant dans les pièges qu'ils avoient tendus à la loyauté de leurs concitoyens. L'exemple sévere qui aura lieu à leur égard, effraiera les mandataires infidèles, qui tôt ou tard seroient tentés de les imiter; quant à leurs complices, ils paroîtront avec le tems devant le tribunal révolutionnaire, établi pour faire tomber le glaive de la loi sur toutes ces têtes coupables.

» En me résumant, je déclare qu'il a existé une conspiration contre l'unité & l'indivisibilité de la république, & particuliérement contre Paris, qui après avoir eu la gloire d'avoir été le berceau de la révolution, aura un jour celle d'avoir enfanté la république universelle.

» En conséquence, en mon âme & conscience, je déclare que les vingt-un accusés sont convaincus d'être les auteurs ou complices de cette conspiration ».

Les accusés sont ramenés à l'audience.

Herman, président, leur fait lecture de la déclaration du jury, & leur annonce qu'ils vont entendre l'accusateur public dans son requisitoire.

Fouquier, accusateur public. D'après la déclaration du jury sur les questions qui lui ont été soumises, je requiers, au nom de la république, que Brissot, Vergniaux, Gensonné, Duperret, Carra, Gardien, Valazé, Duprat, Sillery, Fauchet, Ducos, Fonfrede, Lasource, Lesterpt-Beauvais, Duchastel, Mainvielle, Lacaze, Lehardy, Boileau, Antiboul & Viger, soient condamnés à la peine de mort, conformément à la loi du 16 décembre dernier, portant que : « tous ceux qui tenteroient de détruire l'unité & l'indivisibilité de la république, seront punis de mort » ; & que leurs biens soient déclarés acquis & confisqués au profit de la république.

Je requiers en outre que le jugement à intervenir soit à ma requête & diligence, exécuté sur la place de la révolution, imprimé & affiché dans toute l'étendue de la république.

Un grand mouvement se fait parmi les accusés. Les citoyens présens à l'audience conservent un calme majestueux.

Le président aux accusés. La loi vous permet de parler ou de vous faire défendre sur l'application de la loi invoquée contre vous par l'accusateur public.

Gensonné. Je demande la parole sur l'application de la loi.

Les mots *je me meurs* se font entendre.

Le tumulte redouble parmi les accusés. Plusieurs crient par ironie : *Vive la république !* Le président ordonne aux gendarmes de faire leur devoir, & de faire sortir les accusés.

Ceux-ci sortent, jettent des assignats au peuple, en s'écriant : *à nous, nos amis !* Une indignation universelle se manifeste dans l'auditoire. Le peuple foule aux pieds les assignats, les met en pieces au milieu des cris de *vive la république* !

Les gendarmes emmenent hors de l'audience les accusés. Un d'eux est gissant sur l'estrade.

Le tribunal, faisant droit sur le requisitoire de l'accusateur public, prononce la peine de mort contre les vingt-un individus ci-dessus dénommés, ainsi que la confiscation de leurs biens, aux termes de loi, &c.

Ayant été rapporté au tribunal qu'un des condamnés s'étoit porté un coup de couteau, dont il étoit blessé, le tribunal a ordonné que par les officiers de santé assermentés au tribunal, ledit individu seroit visité & pansé, & qu'il lui seroit procuré tous les secours de l'art nécessaires; que lesdits chirurgiens feroient sur-le-champ leur rapport au tribunal, audience tenante.

Lesdits officiers ayant rempli leur mission, ont rapporté au tribunal que le condamné, dont le corps étoit encore gissant dans l'audience, étoit expiré; sur quoi le tribunal a ordonné que par deux de ses huissiers, il seroit sur-le-champ procédé à la reconnoissance du cadavre suicidé; qu'ils en dresseroient procès-verbal & en feroient de suite leur rapport au tribunal, audience tenante.

Les citoyens Nappier & Déguainier, huissiers commis par le tribunal, ayant rempli leur mission, sont venus rapporter que le cadavre du suicidé étoit celui de Charles-Eléonor Dufriche-Valazé, l'un des condamnés par le jugement ci-dessus.

Le tribunal, après avoir entendu l'accusateur public dans son requisitoire, ordonne que le cadavre dudit Valazé sera dans une charette qui accompagnera celles qui transporteront ses complices au lieu de leur supplice, pour après leur exécution, être inhumé dans la même sépulture que lesdits condamnés ses complices.

Les condamnés, au moment qu'on les faisoit redescendre à la conciergerie, se permirent de chanter en chœur les quatre premiers vers de la première strophe de l'hymne des Marseillois, qu'ils croyoient pouvoir adapter à la position où ils se trouvoient. Il étoit onze heures et quelques minutes du soir, le 9 brumaire.

Le lendemain 10, vers midi, les condamnés furent conduits au lieu de leur exécution. Depuis 1766, à l'exécution de Lally, et 1777, à l'exécution de Desrues, on n'avoit vu une foule si immense de spectateurs; les ponts, les quais, les places et les rues étoient remplis d'un peuple nombreux; les fenêtres regorgeoient de citoyens des deux sexes : le long de leur route, ils ont entendu des milliers de voix crier *vive la république*, *à bas les traîtres !* Aucun d'eux ne marquoit d'inquiétude, sinon Brissot et Fauchet (ils étoient dans deux voitures séparées), sur les visages desquels on remarquoit un air morne et pensif. Plusieurs des autres, notamment Mainvielle et Duprat, firent plusieurs fois *chorus*, le long de la route, avec les spectateurs.

Vers une heure, les condamnés arriverent à la place de la révolution. Au moment de descendre de la charette, Boyer-Fonfrede et

Ducos s'embrasserent; cela fut répété par les autres condamnés, qui se trouvoient déja au pied de l'échafaud. Sillery fut celui qui y monta le premier; il salua d'un air grave, à droite et à gauche, les spectateurs; ceux qui lui succéderent à l'opération fatale, adressoient des phrases entrecoupées, que l'on ne pouvoit saisir. Lehardy ayant crié *vive la république*, fut généralement entendu, grace aux vigoureux poumons, dont l'avoit pourvu la nature; les autres, en attendant leur tour, chantoient le refrein, *plutôt la mort que l'esclavage, c'est la devise des français.* Viger fut exécuté le dernier Après l'exécution, qui dura trente-huit minutes, on agita les chapeaux en l'air, et les cris mille fois répétés de *vive le république*, se firent entendre pendant plus de dix minutes.

OBSERVATION *sur les vingt-un guillotinés.*

Le sanctuaire des loix, le temple ou s'opère le bonheur et l'affermissement de la république française, étoit *gangrené. Brissot*, *Carra*, y répandoient un venin contagieux, la convention nationale, en étoit infectée, et la montagne commençoit à en ressentir les vapeurs, quand l'explosion soudaine de la liberté, parvint à foudroyer et à dessécher le marais fangeux, où croupissoient les *Valazé*, *Guadet*, *Vergniaud*, *Gensonné*,

Fauchet et Sillery, compagnons de débauches du faussement nommé *Philippe Egalité*, et le reste de la bande des vingt-un. Honneur à la convention; elle se purgea ce jour-là d'une façon bien expéditive; il faut en convenir, la rhubarbe et le séné de nos pharmaciens, ne valent pas la guillotine, pour extirper la peste aristocratique; la recette est maintenant publique, et atteint tout le monde; elle s'administre sur la place de la révolution. Avis à nos mandataires infidèles.

Séance du 8 brumaire.

Affaire de SAULNIER, *et marie-félicité* ROGER.

Les accusés interrogés de leurs noms, surnoms, âges, qualités, lieu de naissance et demeures:

Ont répondu se nommer, savoir:

Le premier Jean-Joseph Saulnier, âgé de 38 ans, ci-devant prêtre, natif de Lussac-les-Eglises, demeurant à Blois.

Le second accusé a déclaré s'appeller Marie-Félicité Roger, âgée de 52 ans, supérieure de l'hôtel-dieu de Blois, native de ladite ville, et y demeurant ordinairement. Le greffier donne lecture de l'acte d'accusation.

Dans cette cause les accusés étant convenus des délits qui leur étoient imputés dans l'acte d'accusation ci-dessus énoncé, le jugement suivant a été rendu contre eux.

Le tribunal, d'après la déclaration du jury, portant, 1°. qu'il est constant que Jean-Joseph Saulnier étoit fonctionnaire public.

2. Qu'il est constant qu'il n'a pas prêté le serment exigé de lui comme prêtre fonctionnaire public, par la loi du 20 décembre.

3. Qu'il est constant que Marie-Félicité Roger a recélé ledit Saulnier dans l'hôpital de Blois, dont elle étoit supérieure, et qu'elle l'y recéloit encore à l'époque de son arrestation par le comité de surveillance établi audit Blois.

4. Qu'il est constant que la fille Roger l'a recélé comme prêtre réfractaire. Faisant droit sur le réquisitoire de l'accusateur public, condamne ledit Saulnier, à la peine de mort, conformément à l'article II de la loi du 26 août 1792, et à l'article II de la loi du 18 mars dernier, desquels il a été donné lecture; déclare ses biens acquis et confisqués au profit de la république; ordonne que le présent jugement sera exécuté sur la place de la révolution, imprimé et affiché dans toute l'étendue de la république; et en ce qui concerne marie-Félicité Roger, la condamne en six années de réclusion en la maison de force du département de Loire et Cher, conformément à

l'article IV de la loi du 26 février dernier ; ordonne que préalablement elle sera exposée pendant six heures aux regards du peuple, sur un échafaud, qui pour cet effet, sera dressé sur la place de la révolution, ayant au-dessus de sa tête un écriteau où seront inscrits ses noms, âge, lieu de naissance, son domicile, la cause de sa condamnation et le présent jugement, lequel sera imprimé et affiché dans toute l'étendue de la république.

L'exécution a eu lieu le 9 brumaire.

Audience du 11 brumaire, an 2e de la rép.

Affaire de Nicolas LEROY.

Interrogé de ses noms, surnoms, âge, qualités, lieu de naissance et demeure :

A répondu se nommer Nicolas Leroy, âgé de 35 ans, gendarme national du département de Seine et Oise, natif de Versailles, et demeurant ordinairement à Orsay.

Le greffier donne lecture de l'acte d'accusation.

Dans cette cause plusieurs témoins sont entendus ; ils affirment les faits portés en l'acte d'accusation ; le jugement suivant est rendu :

Le

Le tribunal, d'après la déclaration du jury, portant qu'il est constant, 1°. qu'il a été tenu le 10 mars dernier, dans une auberge du Fargis, des propos tendans à troubler la république par une guerre civile, en armant les citoyens les uns contre les autres, et contre l'exercice de l'autorité légitime.

2°. Que Nicolas Leroy, gendarme du département de Seine et Oise, a tenu ces propos.

Faisant droit sur le réquisitoire de l'accusateur public, condamne ledit Leroy, à la peine de mort, conformément à l'article II de la seconde section du code pénal, dont il a été donné lecture; déclare ses biens acquis et confisqués au profit de la république; ordonne que le présent jugement sera, dans les vingt-quatre heures, exécuté sur la place de la révolution, imprimé et affiché dans toute l'étendue de la république : au prononcé de ce jugement, le condamné s'est élancé du fauteuil où il étoit, pour se porter avec force sur ses juges et les maltraitèr; les huissiers se sont opposés a cet excès; on l'a lié et garotté jusqu'au moment de l'exécution qui a eu lieu deux heures après.

Audience du même jour, 11 brumaire.

Affaire de DESCHAMPS.

Interrogé de ses noms, surnoms, âge, qualités, lieu de naissance et demeure :

A répondu se nommer andré Deschamps, âgé de 45 ans, natif de la Charité-sur-Loire, horloger, demeurant à Paris, grande rue du fauxbourg Saint-Denis.

Le greffier donne lecture de l'acte d'accusation.

Plusieurs voisins de l'accusé sont entendus en dépositions, ils confirment les faits portés en l'acte d'accusation; le jugement suivant est rendu.

Le tribunal, d'après la déclaration du jury, portant, 1o. qu'il est constant que, depuis un an, même postérieurement au 4 décembre de l'an deuxième de la république, dans l'étendue de la section du Fauxbourg-du-Nord, à Paris, et notamment Chevannes et autres lieux, il a été tenu des propos contenant proposition et tentative de rétablissement de la royauté en France.

2° Qu'andré Deschamps, horloger, est convaincu d'avoir été l'auteur de ces propos :

Faisant droit sur le réquisitoire de l'accusateur public, condamne ledit Deschamps à la peine de mort, conformément à l'article unique de la loi du 4 décembre 1792, lequel s'exprime ainsi : Tous ceux qui proposeroient ou tenteroient de rétablir en France la royauté, seront punis de mort; déclare ses biens acquis et confisqués au profit de la république; ordonne que le présent jugement sera exécuté dans les vingt-quatre heures, sur la place de la révolution, imprimé et affiché dans toute l'étendue de la république.

Le condamné, après le prononcé, a dit: Puisse mon sang arroser l'arbre de la liberté.

Audience du 12 brumaire, l'an deuxième de la République.

Le tribunal, après avoir fait constater par témoins, que les nommés Vormeselle, Lemoine et Lacombe, sont réellement, ainsi qu'ils l'ont déclaré, gabriel Vormeselle, guillaume-antoine Lemoine et jean-simon Lacombe-Puygueraud, membres de la prétendue commission populaire de salut public du département de la Gironde, déclarés traîtres à la patrie, et mis hors de la loi, par décret de la convention nationale, du 6 août dernier, ordonne qu'ils seront, sans délai, livrés à l'exécuteur des jugemens criminels, pour être sur-le-champ mis à mort.

L'exécution a eu lieu le même jour, avec le nommé Deschamps, vers les quatre heures de relevée.

Audience du même jour, 12 brumaire, l'an deuxième de la république.

*Affaire d'*OLYMPE DE GOUGES.

Interrogée de ses noms, surnoms, âge, qualités, lieu de naissance et demeure :

A répondu se nommer marie Olympe de Gouges, âgée de 38 ans, femme de lettres, native de Montauban, demeurant à Paris, rue du Harlay, section du Pont-Neuf.

Le greffier donne lecture de l'acte d'accusation.

Pendant le résumé des charges faites par l'accusateur public, l'accusée sur les faits qu'elle entendoit articuler contre elle, tantôt haussoit les épaules, puis elle joignoit les mains et levoit les yeux vers le plafond de la salle ; puis elle passoit tout d'un coup à un geste expressif, manifestant l'étonnement ; puis regardant ensuite l'auditoire, elle sourioit aux spectateurs, etc.

Le jugement suivant fut rendu contre elle.

Le tribunal d'après la déclaration du Jury, portant, 1°. qu'il est constant qu'il existe au procès des écrits tendans au rétablissement d'un pouvoir attentatoire à la souveraineté du peuple : 2°. que marie Olympe de Gouges, se disant veuve Aubry, est convaincue d'être l'auteur de ces écrits ; faisant droit sur les conclusions de l'accusateur public, condamne ladite *marie Olympe de Gouges*, veuve Aubry, à la peine de mort, conformément à l'article premier de la loi du 29 mars dernier, dont il a été fait lecture, lequel est ainsi conçu : « Quiconque sera convaincu d'avoir composé ou imprimé des ouvrages ou écrits qui provoquent la dissolution de la représentation nationale, le rétablissement de la royauté, ou de tout autre pouvoir attentatoire à la souveraineté du peuple, sera traduit au tribunal révolutionnaire et puni de mort ; » déclare les biens de ladite *marie Olympe de Gouges* acquis à la république, conformément à l'article II du titre II de la loi du dix mars aussi dernier, dont il a été fait lecture, lequel est ainsi conçu : « Les biens de ceux qui seront condamnés à la peine de mort, seront acquis à la république, et il sera pourvu à la subsistance des veuves et des enfans, s'ils n'ont pas des biens d'ailleurs »

Ordonne, qu'à la diligence de l'accusateur public, le présent jugement sera exécuté sur la place de la révolution de cette ville, imprimé, publié et affiché dans toute l'étendue de la république. Et attendu la déclaration publique faite par ladite marie Olympe de Gouges, qu'elle étoit enceinte, le tribunal faisant droit sur le requisitoire de l'accusateur public, ordonne, que par les chirugiens, médecins et matrônes assermentés du tribunal, ladite marie Olympe de Gouges sera vue et visitée, à l'effet de constater la vérité de sa déclaration, pour sur leur rapport affirmé et déposé, être par le tribunal, prononcé ce que de droit.

Avant le prononcé de son jugement, le président ayant interpellé l'accusée de déclarer si elle avoit quelques observations à faire sur l'application de la loi, elle a répondu : « Mes » ennemis n'auront point la gloire de voir » couler mon sang, je suis enceinte, et don-

» nerai à la république un citoyen ou une » citoyenne. »

Le même jour les officiers de santé ayant visité la condamnée, ont reconnu que sa déclaration étoit fausse.

Jugement rendu en la chambre du conseil, le treize brumaire, l'an second de la république.

Le tribunal, d'après le rapport fait par les citoyens Théry & Naury, officiers de santé, & la citoyenne Paquin, matrône; faisant droit sur le réquisitoire de l'accusateur public, ordonne qu'il sera procédé & passé outre au jugement prononcé le 12 du présent mois, par le tribunal, contre marie Olympe de Gouges, veuve Aubry; & qu'à la poursuite & diligence de l'accusateur public, il sera mis à exécution sur la place de la révolution, dans les 24 heures, &c.

L'exécution a eu lieu le même jour, vers les 4 heures de relevée; en montant sur l'échafaud, la condamnée, en fixant le peuple, s'est écriée: « Enfans de la patrie, vous » vengerez ma mort! » Les cris universels de *vive la république* se sont fait entendre parmi les spectateurs.

Audience du 14 brumaire.

Affaire de la femme COUTELET.

Interrogée de ses noms, surnoms, âge, qualités, lieu de naissance et demeure :

A répondu se nommer marie-madeleine Coutelet, veuve Neuve-Eglise, âgée de 32 ans, native de Rheims, employée à la filature, rue Saint-Jacques, y demeurant.

Le greffier donne lecture de l'acte d'accusation.

Dans le cours des débats, plusieurs témoins ont été entendus; l'accusée, pour sa justification, a dit que la lettre qui formoit charge contr'elle, n'avoit été écrite que pour éprouver le patriotisme du citoyen Gastellier, l'un des témoins, mais qu'elle n'avoit jamais eu de mauvaises intentions; néanmoins n'ayant pu parvenir à détruire les charges, et notamment les principes contre-révolutonnaires contenus dans ladite lettre par elle écrite, le jugement suivant a été rendu :

Le tribunal, d'après la déclaration du jury, portant : 1°. Qu'il est constant qu'il a été composé un écrit manifestant l'incivisme, le mépris des autorités constituées, le désir de rétablir la royauté, le mépris de la monnoie républicaine, la haine contre les habitans de Paris, et l'intention de prévenir contre eux ceux des départemens;

2°. Que marie-madeleine Coutelet est convaincue d'être l'auteur de cet écrit;

3°. Qu'elle est convaincue de l'avoir fait avec des intentions contre-révolutionnaires.

Faisant droit sur le réquisitoire de l'accusateur public, condamne ladite Coutelet à la peine de mort, conformément à l'article unique de la loi du 4 décembre 1792, et à celle du 29 mars 1793, ainsi qu'aux articles premier et quatre de la loi du 5 septembre dernier, dont il a été fait lecture; déclare ses biens acquis et confisqués au profit de la république; ordonne que le présent jugement sera exécuté sur la place de la révolution, imprimé et affiché dans toute l'étendue de la république.

Avant le prononcé du jugement, le président ayant demandé à l'accusée si elle avoit quelques observations à faire sur l'application de la loi invoquée par l'accusateur public, elle a répondu: « Si c'est la loi qui l'ordonne, je m'y » soumets; vous connoîtrez peut-être mon » innocence après. »

Audience du 14 brumaire, l'an deuxième de la République.

*Affaire d'*ADAM LUX.

Interrogé de ses noms, surnoms, âge, qualités, lieu de naissance et demeure :

A répondu s'apeller Adam Lux, âgé de vingt-sept ans dix mois, député extraordinaire de la convention germanique, séant à Mayence, natif d'Opinbourg, pays de l'électorat de Mayence, demeurant à Ostenk, vis-à-vis Mayence, logé à Paris, rue des Moulins, hôtel des patriotes Hollandois.

Le greffier donne lecture de l'acte d'accusation.

L'accusateur public analyse les charges.

Le défenseur est entendu en sa plaidoierie.

Le président résume les débats & pose les questions, lesquels ont provoqué le jugement suivant :

Le tribunal, d'après la déclaration unanime du jury, portant : 1°. Qu'il est constant qu'il a été composé & imprimé des écrits contenant provocation à la dissolution de la représentation nationale, & au rétablissement, en France, d'un pouvoir attentatoire à la souveraineté du peuple ;

2°. Qu'Adam Lux est l'auteur de ces écrits;

Faisant droit sur le réquisitoire de l'accusateur public, condamne ledit Adam Lux à la peine de mort, conformément à l'article premier de la loi du 29 mars dernier dont il a été donné lecture; déclare ses biens acquis & confisqués au profit de la république; ordonne que le présent jugement sera, dans les vingt-quatre heures, exécuté à la requête de l'accusateur public, imprimé & affiché dans toute l'etendue de la république.

L'exécution a eu lieu le même jour, vers les cinq heures de relevée, avec la femme Coutelet, dont il a été ci-dessus parlé; celle-ci, exécutée la premiere, est montée avec assez de fermeté sur l'échafaud, & a même, avant d'être frappée du glaive de la loi, embrassé ses exécuteurs.

Audience du 15 brumaire, l'an second de la république française.

Le tribunal, vu l'exposé & le réquisitoire de l'accusateur public, le jugement du 3 mai, qui condamne victoire-sophie-madelaine-françoise-joséphine de Rabec, veuve de pierre-paul Kolly, à la peine de mort, les rapports des officiers de santé & matrône, &

notamment celui du jour d'hier; faisant droit sur les conclusions dudit accusateur public, ordonne que dans les vingt-quatre heures, le jugement de mort prononcé contre ladite veuve Kolly, sera mis à exécution sur la place publique de la révolution de cette ville, au lieu de la place de la réunion, que porte ledit jugement du 3 mai; comme aussi, ordonne que le présent jugement & les trois rapports de visites, dressés par les officiers de santé & matrônes, & la lettre écrite cejourd'hui à l'accusateur public par la veuve Kolly, qu'il a reçue, & dont il a été fait lecture à l'audience, seront imprimés & affichés dans toute l'étendue de la république.

Rapport des officiers de santé & matrônes, sur l'état où se trouve la veuve Kolly.

PREMIER RAPPORT.

Nous soussignés, chirurgiens du tribunal criminel révolutionnaire établi au palais, à Paris, par la loi du 10 mars 1793, l'an deuxième de la république française, nous sommes transportés ès prisons de la conciergerie en outre du jugement de ce jour, rendu par le susdit tribunal, sur le réquisitoire de l'accusateur public, assistés de marie-françoise

Paquin, matrône, jurée de la susdite prison, à l'effet d'y visiter et constater, si madelaine-françoise-josephine de Rabec, femme Koily, est enceinte : après lui avoir fait plusieurs questions relatives à l'état de grossesse dans lequel elle se dit être, ladite de Rabec, femme Kolly, nous a répondu qu'elle étoit âgée d'environ 34 ans, qu'elle avoit eu sept enfans, et qu'elle étoit enceinte depuis le vingt-six ou le vingt-huit février dernier d'un huitième enfant; qu'elle étoit d'autant plus fondée à le croire, qu'elle a ressenti, depuis cette époque, les mêmes symptômes qu'elle a toujours éprouvés au commencement de ses précédentes grossesses; nous l'avons ensuite visitée & touchée, & d'après le plus scrupuleux examen, nous n'avons apperçu aucun signe apparent de grossesse, attendu qu'à cette époque ils ne se trouvent jamais assez sensibles, pour pouvoir prononcer affirmativement; nous estimons, en conséquence, qu'il faut attendre une époque plus reculée, pour laisser le tems nécessaire aux symptômes de se développer, à l'effet de pouvoir porter un jugement certain. A Paris, ce 4 mai 1793, l'an deuxième de la république française.

Signé Nancy, Soubcebielle & Paquin.

Deuxième rapport des officiers de santé, sur la veuve KOLLY.

Nous soussignés, médecins et chirurgiens assermentés au tribunal révolutionnaire, établi au palais de justice, à Paris, par la loi du 10 mars dernier, en vertu de l'ordonnance dudit tribunal, rendue le 30 juillet dernier, sur le réquisitoire de l'accusateur public, portant, que les médecins et chirurgiens dudit tribunal, assistés de matrônes, se transporteront en la maison d'arrêt de la Petite-Force, à l'effet de voir et visiter de nouveau madeleine-françoise-joséphine de Rabec, femme Kolly, et de constater si elle est réellement enceinte, lesquels dresseront du tout procès-verbal : nous sommes transportés en ladite maison d'arrêt, accompagnés de marie-françoise Paquin, veuve Prioux, demeurant rue de la Lanterne, section de la Cité, et jeanne Bellamy, demeurant rue saint-Antoine, section de la Maison Commune; y étant arrivés, nous nous sommes fait représenter ladite Kolly; et sur ce que nous lui avons demandé si les symptômes de sa grossesse étoient plus sensibles que lors de notre premiere visite, faite le 4 mai dernier, elle nous a répondu qu'elle alloit nous dire la vérité; qu'effectivement le 4 mai dernier, elle croyoit être enceinte; mais que s'étant apperçue depuis qu'elle ne l'étoit point, elle s'étoit mise dans le cas de l'être, vers le 8 ou 9 du présent, et qu'elle étoit actuellement convaincue de sa grossesse, parce que ses menstrues qu'elle attendoit le 10 de ce mois, n'avoient point paru, et qu'enfin elle avoit tous les symptômes de grossesse depuis trois semaines. Nous procédâmes néanmoins de suite à l'examen; le plein et le coloris du visage nous a paru être dans l'état de santé parfaite, ainsi que le poulx, qui indique ordinairement quelque altération au commencement de grossesse; la région du bas-ventre, au toucher, ne nous a offert aucun signe de grossesse, ainsi que la matrice. Nous étant retirés particuliérement, et ayant requis les matrônes de nous donner leur avis sur l'état actuel de ladite Kolly, d'après l'examen qu'elles venoient d'en faire, elles nous ont répondu qu'elle n'étoit point grosse, à moins que sa grossesse ne fût très-récente. Cette opinion étant conforme à la nôtre, nous concluons que malgré qu'il n'y ait point de symptômes apparens et sensibles, cependant vu l'époque récente qu'elle indique, il seroit très-possible qu'elle fût enceinte. Fait à Paris, ce 4 août 1793, l'an 2e de la république française. Signés *Thiry*, *Naury*, *Soubecbielle*, *Paquin et Bellamy.*

Troisième rapport des officiers de santé, sur la veuve KOLLY.

Nous soussignés médecins et chirurgiens assermentés au tribunal révolutionnaire, établi au palais de justice à Paris, par la loi du 10 mars dernier, en vertu de l'ordonnance dudit tribunal, rendue le treizième jour de brumaire de l'an deuxieme de la république, sur le réquisitoire de l'accusateur public, portant que les officiers de santé dudit tribunal se transporteront à la maison d'arrêt de la Petite-Force, accompagnés des matrônes, à l'effet de visiter et constater l'état de grossesse de victoire-sophie-madeleine-françoise-joséphine de Rabec, femme Kolly, l'époque, le lieu et la personne avec laquelle elle a pu se mettre dans le cas de grossesse, et enfin de questionner les concierges, les guichetiers, sur les personnes qui pouvoient avoir communication avec

ladite

ladite Kolly; nous nous sommes transportés en ladite maison d'arrêt, où étant arrivés, nous nous sommes fait représenter ladite Kolly; l'ayant questionnée sur son état depuis notre derniere visite, qui a eu lieu au commencement du mois d'août dernier; elle nous a répondu qu'elle eut une fausse couche le 20 septembre dernier; qu'elle l'avoit tenue cachée, & qu'elle pouvoit nous en donner des preuves, parce qu'elle avoit conservé les fœtus dans un pot où il y avoit de l'esprit de vin, que nous nous sommes fait représenter; & l'ayant examiné, nous avons reconnu par sa forme & ses dimensions, qu'il avoit au moins quatre mois & demi de conception, ce qui nous à déterminés a croire que la fausse couche n'a point existé, attendu qu'elle n'étoit grosse que d'à-peu-près deux mois; de plus, elle nous a déclaré qu'elle s'étoit mise depuis dans le cas de devenir grosse de à-peu-près du 30 septembre, au premier octobre dernier; sur ce que nous lui avons demandé le nom de la personne avec laquelle elle avoit eu affaire, les lieux & heure, elle nous a dit qu'elle avoit communiqué dans les lieux d'aisance qui se trouvent dans la petite cour, avec un homme habillé de gris, vêtu simplement & de moyenne taille, à elle inconnu, & auquel elle avoit donné un assignat de 50 l. elle nous a assuré ne l'avoir jamais vu que cette seule fois; de suite, nous l'avons examinée & touchée; non-seulement et nous n'avons trouvé aucune marque de fausse couche, mais même aucun signe de grossesse. Par continuation de l'ordonnance, portant que nous questionnerions les concierges & les guichetiers de ladite maison d'arrêt, nous les avons interrogés tous les uns après les autres; ils nous ont répondu separément & unanimement, que tous ceux qui avoient des permissions d'entrer, pouvoient communiquer avec les détenus par la petite cour, mais que personne ne pouvoit monter dans leurs chambres, que les quatre guichetiers, ainsi que son fils aîné, jusqu'au moment de sa détention; d'où nous concluons que malgré toutes les facilités de communication qu'elle a pu avoir, & toutes les raisons & subterfuges qu'elle a pu employer pour nous déterminer à nous faire croire sa grossesse, elle ne l'est point, & ne l'a jamais été depuis qu'elle est en prison. Fait à Paris, ce 14 brumaire, l'an deuxiéme de la république française, une & indivisible.

Signé Théry, Naury, Paquin.

Lettre de la veuve Kolly à Fouquier, accusateur public du tribunal révolutionnaire.

Le 4 de la deuxième décade du deuxième mois de la republique, une et indivisible.

CITOYEN ACCUSATEUR PUBLIC,

D'après la visite que j'ai reçue hier, je ne puis douter que ce matin, vous ne soyez instruit de ma déclaration; mais nonobstant le sursis que ma position est dans le cas d'exiger, j'ai envoyé ce matin mes enfans solliciter ma grace à la convention nationale, où je n'ai qu'un regret, que votre voix ne puisse parler en faveur de mon innocence; car vous savez, citoyen, que je n'ai jamais eu une déposition contre moi, ni dénonciateur, et 21 témoins pour moi; j'ose espérer de votre humanité, que si les citoyens Robespierre, Thuriot, Lecointre et Moyse Bayle, auxquels mes enfans sont allés présenter mon mémoire, vous consultoient, vous ne me seriez pas défavorable et à mes enfans, qui sont les seuls êtres pour qui j'implore mon existence. Salut et fraternité.

DE RABEC, *veuve* KOLLY.

En conformité du jugement énoncé dans

la premiere partie de cet ouvrage, page 103, audience du jeudi 2 mai 1793, affaire de *Bauvoir*, *Biéard* & *Kolly*, l'exécution de la veuve Kolly a eu lieu le 15 brumaire, vers trois heures de relevée.

Du même jour 15 brumaire, l'an second de la république.

Affaire de LEPAGE.

Interrogé de ses noms, surnoms, âge, qualités, lieu de naissance et demeure :

A répondu s'appeller Jean Lepage, âgé de 36 ans, compagnon couvreur, natif de Marsac, département de la Loire inférieure, travaillant à Savigny-sur-Orge, département de Seine et Oise, district de Corbeil.

Le greffier donne lecture de l'acte d'accusation.

Dans cette cause trois témoins, habitans de Savigny-sur-Orge, ont été entendus ; ils ont affirmé les faits portés en l'acte d'accusation : en conséquence il a été rendu le jugement suivant :

Le tribunal, d'après la déclaration unanime du jury, portant : 1°. Qu'il est constant qu'il a été tenu des propos tendans au rétablis sement de la royauté ; 2°. Que Jean Lepage, couvreur, est convaincu d'avoir tenu ces propos.

Faisant droit sur le réquisitoire de l'accusateur public, condamne ledit Lepage à la peine de mort, conformément à l'article unique de la loi du 4 décembre 1792, dont il a été donné lecture ; déclare ses biens acquis et confisqués au profit de la république ; ordonne que le présent jugement sera exécuté sur la place de la révolution, imprimé et affiché dans toute l'étendue de la république.

L'exécution a eu lieu le même jour, vers les quatre heures de relevée.

Du même jour 15 brumaire, l'an deuxième de la république.

Affaire de GONDIER.

Interrogé de ses noms, surnoms, âge, qualités lieu de naissance et demeure :

A répondu se nommer Pierre Gondier, âgé de 36 ans, courtier de change, natif de Saint-Honoré, département de la Nièvre, demeurant à Paris, rue de Bellefond, section du Fauxbourg Montmartre,

Le greffier donne lecture de l'acte d'accusation.

L'accusateur public est entendu dans l'analise des charges, et le défenseur de l'accusé en sa plaidoierie.

Le président pose les questions dont le résultat fait rendre le jugement suivant :

Le tribunal, d'après la déclaration du jury, portant 1. qu'il est constant qu'il a existé des conspirations et complots tendans à troubler la république par une guerre civile, en armant les citoyens les uns contre les autres, et contre l'exercice de l'autorité légitime;

2. Que Pierre Gondier, se disant courtier de change, est convaincu d'avoir participé auxdits complots, en accaparant chez lui une quantité très-considérable de pains, à l'effet de faire naître la disette au milieu de l'abondance.

Faisant droit sur le réquisitoire de l'accusateur public, condamne ledit Gondier à la peine de mort, conformément aux articles I, II, III, IV et VIII de la loi du 26 juillet dernier, et l'article II de la premiere section du titre premier de la deuxiéme partie du code pénal, dont il a été donné lecture; déclare ses biens acquis et confisqués au profit de la république : ordonne que le présent jugement sera exécuté sur la place de la révolution, imprimé et affiché dans toute l'étendue de la république.

Audience du 15 brumaire, l'an deuxiéme de la république.

Affaire de BROUSSE.

Interrogé de ses noms, surnoms, âge, qualités, lieu de naissance et demeure :

A répondu se nommer Antoine Brousse, dit Languedocien, compagnon serrurier, natif de Solage, département de l'Aveyron demeurant à Paris, rue Saint-Victor, section des Sans-Culottes.

Le greffier donne lecture de l'acte d'accusation.

D'après les dépositions formelles des témoins, le jugement suivant a été rendu.

Le tribunal, d'après la déclaration du jury, portant: 1°. Qu'il est constant, que dans l'intervalle du 15 juillet au 15 août dernier, il a été pratiqué des manœuvres, tendantes à ébranler la fidélité des citoyens envers la nation française, et à les corrompre pour favoriser les progrès des ennemis de la république;

2°. Qu'Antoine Brousse, serrurier, est convaincu d'être l'auteur ou complice de ces manœuvres : faisant droit sur le requisitoire de l'accusateur public, condamne ledit Brousse à la peine de mort, conformément à l'article IV de la première section du titre premier de la deuxième partie du code pénal, dont il a été donné lecture ; déclare ses biens, si aucuns il a, acquis et confisqués au profit de la république, sauf les exceptions portées par la loi ; ordonne que le présent jugement sera exécuté sur la place de la révolution, imprimé et affiché dans toute l'étendue de la république.

Du même jour, 15 brumaire, l'an second de la république.

Affaire de LAROQUE.

Interrogé de ses noms, surnoms, âge, qualités, lieu de naissance et demeure :

A répondu se nommer Jacques-Nicolas Laroque, âgé de 73 ans, ci-devant noble, et subdélegué à Mortagne, département de la Manche, natif dudit lieu, et y demeurant.

Le greffier donne lecture de l'acte d'accusation.

Les débats terminés, le défenseur entendu, le tribunal, d'après la déclaration unanime du jury, portant : 1°. qu'il est constant qu'il a existé dans la ci-devant province de Normandie un complot tendant à contester à la convention le droit de juger le tyran, et à allumer par-là la guerre civile dans le sein de la république ;

2°. Que Jacques-Nicolas Laroque est convaincu d'avoir coopéré à ce complot.

Faisant droit sur le réquisitoire de l'accusateur public, condamne ledit Laroque à la peine de mort, conformément à l'article II de la premiére section du titre premier de la deuxiéme partie du code pénal, dont il a été donné lecture ; déclare ses biens acquis et confisqués au profit de la république, sauf les exceptions portées par la loi : ordonne que le présent jugement sera imprimé et affiché dans toute l'étendue de la république.

Audience du 16 brumaire, l'an deuxième de la république

*Affaire d'*EGALITÉ *et de* COUSTARD.

Interrogés de leurs noms, surnoms, âges, qualités, lieux de naissance et demeures:

Le premier a répondu se nommer Louis-Philippe-Joseph Egalité, âgé de 46 ans, amiral et député à la convention nationale, demeurant ordinairement à Paris.

Le second a déclaré se nommer Anne-Pierre Coustard, âgé de 52 ans, ci-devant commandant de la garde nationale de Nantes, ci-devant lieutenant des ci-devant maréchaux de France, et greffier du point d'honneur, et actuellement député à la convention nationale, demeurant ordinairement à Nantes.

Le greffier donne lecture de l'acte d'accusation.

Les débats terminés, Charles Voidel est entendu en la défense de l'accusé Egalité.

Après que le défenseur de Coustard a été entendu;

Herman, président, a posé la question contenue dans le jugement suivant, et a dit:

Le tribunal, d'après la déclaration unanime

du jury, portant que Louis-Philippe-Joseph Egalité, ci-devant duc d'Orléans, et Anne-Pierre Coustard, ex-députés à la convention nationale, sont convaincus d'être les auteurs ou complices de la conspiration qui a existé contre l'unité et l'indivisibilité de la république, contre la liberté et la sûreté du peuple français.

Faisant droit sur le réquisitoire de l'accusateur public, condamne lesdits Egalité et Coustard à la peine de mort, conformément à la loi du 16 décembre 1792, dont il a été donné lecture; déclare leurs biens acquis et confisqués au profit de la république: ordonne que le présent jugement sera exécuté, imprimé et affiché dans toute l'étendue de la république.

Le même jour, vers quatre heures de relevée, lesdits condamnés ont été conduits au lieu de leur exécution, avec Gondier, Labrousse et Laroque, dont nous avons parlé dans les pages précédentes : arrivé devant son ancien domicile, Egalité a jetté dessus un regard sec, qu'il a prolongé jusqu'à la rue de la Loi; au demeurant, on n'appercevoit sur sa figure aucune altération; il a été exécuté le premier, sur la place de la révolution.

Observation sur d'Orléans.

Un libertin, un joueur, un débauché, un crapuleux, l'instituteur de Lambale, monte en charette, on s'informe qui; c'est d'Orléans faussement titré du nom de Philippe Egalité : bravo ! justice nationale, vous opérez des merveilles. Celui qui prétendoit usurper la confiance publique pour s'asseoir insolemment sur les débris du trône, renversé dans la boue, ne recueillit de son hypocrisie, que de faire une promenade du palais de justice à la place de la révolution, non escorté de jockeis, de valets de-pied, mais bien de celui qui fait jouer la manivelle. Ainsi soit-il de la *fraternité* des Bourbons !

Audience du 18 brumaire, l'an deuxième de la république.

Affaire de LAMARCHE.

Interrogé de ses noms, surnoms, âge, qualités, lieu de naissance et demeure :

A répondu se nommer simon-françois Lamarche, écrivain, âgé de 35 ans, ci-devant directeur de la fabrication des assignats, natif de Paris, demeurant avant son arrestation au Grand-Montrouge.

Le greffier donne lecture de l'acte d'accusation.

D'après les dépositions des témoins, les

débats terminés, le défenseur entendu, il a été rendu le jugement suivant:

Le tribunal, d'après la déclaration du jury, portant: 1°. qu'il est constant qu'il a existé un complot tendant à provoquer la guerre civile, en armant les citoyens les uns contre les autres, et dont les suites ont coûté la vie à un grand nombre de citoyens dans la journée du 10 août 1792:

2°. Que simon-françois Lamarche est convaincu d'avoir été l'un des complices de ce complot.

Faisant droit sur le réquisitoire de l'accusateur public, condamne ledit Lamarche à la peine de mort, conformément à l'article IV de la premiére section du titre premier de la deuxiéme partie du code pénal, dont il a été donné lecture; déclare ses biens acquis et confisqués au profit de la république: ordonne que le présent jugement sera, dans les 24 heures, exécuté sur la place de la révolution, imprimé et affiché dans toute l'étendue de la république.

Du même jour 18 brumaire, l'an deuxième de la république.

Affaire de la femme ROLAND.

Interrogée de ses noms, surnoms, âge, qualités, lieu de naissance et demeure :

A répondu se nommer marie-jeanne Phelippon, femme de jean-marie Roland, ex-ministre de l'intérieur, âgée de 39 ans, native de Paris, et y demeurant rue de la Harpe.

Le greffier donne lecture de l'acte d'accusation.

Pendant le cours des débats, il a été entendu plusieurs témoins, lesquels ont déposé avoir vu à la table de l'accusée, Brissot et consorts, ridiculiser les opinions des membres les plus éclairés de la montagne; qu'elle entretenoit sur le pavé de Paris des affidés, qui rendoient compte à Roland de ce qui se passoit dans les grouppes et autres lieux; qu'elle entretenoit des correspondances et intelligences avec les principaux chefs des conjurés dont elle étoit l'âme.

L'accusateur public a donné successivement lecture de plusieurs lettres écrites par l'accusée à Duperret, et de Barbaroux à Duperret, lesquelles pieces annonçoient formellement le projet d'appeller sur Paris une force départementale, et transférer ensuite le siége de la convention à Bourges.

L'accusée a dit, pour sa défense, qu'elle n'avoit jamais entretenu de correspondances avec Buzot, Pétion, Gorsas; qu'elle avoit à la vérité écrit à Duperret, le 26 juin dernier; qu'au reste elle avoit toujours estimé Brissot et ses dignes amis, parce qu'elle connoissoit en eux des talens et de la bonne foi; elle a de plus fait lecture d'un apperçu sommaire de sa conduite politique depuis le commencement de la révolution : comme cet écrit respiroit le fédéralisme d'un bout à l'autre, le président en a interrompu la lecture, en observant à l'accusée qu'elle ne pouvoit abuser de la parole pour faire l'éloge du crime, c'est-à-dire de Brissot et consorts.

L'accusée s'est emportée en invectives contre les membres du tribunal; se tournant vers l'auditoire, elle a dit : « je vous demande » acte de la violence que l'on me fait. » A quoi le peuple a répondu : *vive la république*, *à bas les traîtres*.

Voici le jugement rendu contre elle.

Le tribunal, d'après la déclaration unanime

du jury, portant : 1°. qu'il est constant qu'il a existé une conspiration horrible contre l'unite et l'indivisibilité de la république, la liberté et la sûreté du peuple français.

2°. Que marie-jeanne Phelippon, femme de jean-marie Roland, est convaincue d'être l'un des auteurs ou complices de cette conspiration.

Faisant droit sur le réquisitoire de l'accusateur public, condamne ladite Phelippon à la peine de mort, conformément à la loi du 16 décembre 1792, dont il a été donné lecture; déclare ses biens acquis et confisqués au profit de la république; ordonne que le présent jugement sera exécuté dans les 24 heures, sur la place de la révolution, imprimé et affiché dans toute l'étendue de la république

Après le prononcé, l'accusée a remercié le tribunal du jugement qu'il venoit de rendre contre elle.

L'exécution a eu lieu le lendemain vers trois heures de relevée; le long de la route elle s'entretenoit et sembloit plaisanter avec *Lamarche*, son camarade de voyage.

Audience

Audience du 19 brumaire.

Affaire des officiers municipaux du Pont-de-Cé.

Interrogés de leurs noms, surnoms, âges, qualités, lieux de naissances et demeures:

Ont répondu, savoir : le premier se nommer rené Rideau, âgé de 51 ans, maçon et officier municipal.

Le second, jean Clain, âgé de 65 ans, meûnier et officier municipal.

Le troisiéme, julien Cailleau, âgé de 66 ans, tonnelier et officier municipal.

Le quatriéme, jean Tesnier, âgé de 41 ans, secrétaire de la municipalité.

Le cinquiéme, florent Olivier, âgé de 38 ans, huissier.

Le sixiéme, thomas Héry, âgé de 45 ans, fermier-laboureur et officier municipal, tous nés et demeurant à Saint-Maurille-sous-Pont-de-Cé.

Le greffier donne lecture de l'acte d'accusation. Les débats terminés, les temoins entendus, le tribunal, d'après la déclaration du jury, portant : 1°. Qu'il est constant que pendant le cours des mois de juin et juillet dernier (vieux style), il a été pratiqué de la part des habitans, et notamment par les officiers municipaux du Pont-de-Cé, des manœuvres et intelligences tendantes à favoriser les progrès des rebelles qui occupoient Angers et les communes environnantes.

2. Que René Ridcau est convaincu d'être auteur ou complice de ces manœuvres.

3. Que Jean Clain est convaincu d'être auteur ou complice de ces manœuvres.

4. Que Julien Cailleau est convaincu d'être auteur ou complice de ces manœuvres.

5. Que Jean Tesnier est convaincu d'être auteur ou complice de ces manœuvres,

6. Que Florent Olivier est convaincu d'être auteur ou complice de ces manœuvres.

7. Que Thomas Héry est convaincu d'être auteur ou complice de ces manœuvres.

Faisant droit sur le réquisitoire de l'accusateur public, condamne lesdits Rideau, Clain, Cailleau, Tesnier, Olivier et Héry à la peine de mort; déclare leurs biens acquis et confisqués au profit de la république: ordonne que le présent jugement sera exécuté sur la place de la révolution, imprimé et affiché dans toute l'étendue de la république.

L'exécution a eu lieu le lendemain, entre onze heures et midi.

Audience du 20 brumaire.

Affaire de BAILLY.

Interrogé de ses noms, surnoms, âge, qualités, lieu de naissance et demeure :

A répondu se nommer Jean-Sylvain Bailly, âgé de 58 ans, né à Paris, et demeurant à Melun.

Le greffier donne lecture de l'acte d'accusation.

Les témoins entendus, le président annonce que les débats sont terminés.

Le citoyen Naulin, faisant les fonctions d'accusateur public, analyse le résultat des charges; il dépeint avec des traits énergiques les détails de la malheureuse journée du 17 juillet 1791, et le tableau de ce funeste récit a fait verser des larmes à la majeure partie des citoyens composant l'auditoire.

Le président pose les questions contenues dans le jugement suivant :

Le tribunal, d'après la déclaration unanime du jury, portant : 1°. Qu'il est constant qu'il a existé entre Louis Capet, sa femme et autres, un complot tendant à troubler la tranquillité intérieure de l'état, à exciter la guerre civile, en armant les citoyens les uns contre les autres, en portant atteinte à la liberté du peuple, et dont la suite a été le massacre d'un nombre considérable de citoyens au Champ-de-Mars, le 17 juillet 1791.

2°. Que Jean-Sylvain Bailly est convaincu d'être auteur ou complice de ce complot et de son exécution.

Faisant droit sur le réquisitoire de l'accusateur public, condamne ledit Bailly à la peine de mort, conformément à l'article II du titre premier de la deuxième section du code pénal, dont il a été donné lecture; déclare ses biens acquis et confisqués au profit de la république, conformément à l'article II de la loi du 10 mars dernier, dont il a été pareillement donné lecture.

Ordonne qu'à la diligence de l'accusateur public, le présent jugement sera exécuté sur l'esplanade entre le Champ-de-Mars et la rivière de Seine, dans les 24 heures; que le drapeau rouge, dont est question au procès, sera attaché derrière la voiture, et traîné jusqu'au lieu de l'exécution, où il sera brulé par l'exécuteur des jugemens.

L'accusé interpelé de déclarer s'il avoit quelques réclamations à faire contre l'application de la loi invoquée par l'accusateur public, a dit :

« J'ai toujours fait exécuter la loi, je » saurai m'y soumettre, puisque vous en êtes » l'organe. »

Le lendemain 21 brumaire, vers midi, le condamné est sorti des prisons de la conciergerie, est arrivé à une heure un quart vers le Champ de la Fédération; le peuple ne voulant point que cette terre sacrée fût souillée par la présence de ce grand criminel, s'opposa à ce qu'il y fût exécuté; en conséquence, chacun s'empressa à démonter la guillotine, pour la transporter dans un des fossés qui se trouvent sur le bord de la Seine, au dehors du Champ-de-Mars, sur la chaussée duquel étoit arrêté Bailly, qui vit remonter l'instrument fatal. On le fit descendre dans le fossé, où il vit brûler devant lui le drapeau rouge.

Il monta ensuite sur l'échafaud où sa tête tomba aux grands applaudissemens des spectateurs et aux cris mille fois répétés de *vive la république*.

Observation sur *Silvain Bailly*.

Bailly au jeu de paulme, se montra patriote : Bailly maire, se montra scélérat. Le drapeau rouge fut son titre à l'infamie : il l'outra même en mettant à exécution la loi martiale. Ce scélérat vendu aux lâches intrigans, fut avide du sang du peuple, il le but à longs traits; mais la vengeance populaire se montra même avec dignité : le jour où il joua de son reste sur les bords du champ de la révolution, il essuya maint outrages des parens des victimes qu'il avoit fait inhumainement massacrer. Quel regret pour celui qui a des reproches à se faire! N'importe, il étoit de l'académie des sciences.

Audience du 21 brumaire, l'an deuxième de la république.

Affaire de KALB.

Interrogé de ses noms, surnoms, âge, qualités, lieu de naissance et demeure :

A répondu se nommer Frédéric Kalb, âgé de 28 ans, ci-devant officier au régiment de Salm-Salm, natif de Paris, et y demeurant, rue du Jour, hôtel de la Paix.

Le greffier donne lecture de l'acte d'accusation.

Après avoir entendu l'accusé dans ses réponses et moyens de défense, le tribunal a rendu le jugement suivant :

Le tribunal, d'après la déclaration du jury, portant :

1°. Qu'il est constant, qu'au mois de juillet 1792, (vieux style) Frédéric Kalb a déserté des armées de la république, avec une partie du régiment de Salm-Salm, où il étoit capitaine, et qu'il a servi avec cette partie du régiment contre la république, et s'est trouvé dans différentes affaires.

Faisant droit sur le réquisitoire de l'accusateur public, condamne ledit Kalb à la peine de mort, conformément à l'article IV du titre premier de la première section de la deuxième partie du code pénal, dont il a été donné lecture; déclare ses biens acquis et confisqués au profit de la république; ordonne que le présent jugement sera exécuté sur la place de la révolution, imprimé et affiché dans toute l'étendue de la république.

Audience du même jour, 21 brumaire.

Affaire de ROI.

Interrogé de ses noms, surnoms, âge, qualités, lieu de naissance et demeure :

A répondu se nommer jean-nicolas Roi, âgé de 32 ans, ci-devant domestique, natif de Dombal, département de la Meurthe, demeurant à Paris, chez Saunier, notaire, rue Neuve des Petits-Champs.

Le greffier donne lecture de l'acte d'accusation.

D'après les dépositions formelles des témoins, il a été rendu le jugement suivant :

Le tribunal, d'après la déclaration unanime du jury, portant, 1°. qu'il est constant que dans le courant du mois d'août dernier, au-devant de la porte Saint-Denis à Paris, il a été fait des propositions ou tentatives du rétablissement de la royauté en France.

2°. Que jean-nicolas Roi est auteur de ces propositions ou tentatives.

Faisant droit sur le réquisitoire de l'accusateur public, condamne ledit Roi à la peine de mort, conformément à la loi du 4 décembre dernier, dont il a été donné lecture; déclare ses biens acquis et confisqués au profit de la république; ordonne que le présent jugement sera exécuté sur la place de la révolution, imprimé et affiché dans toute l'étendue de la république.

L'exécution a eu lieu le lendemain 22, avec Kalb.

Audience du 22 brumaire, l'an deuxième de la république.

Affaire de DUCHESNE.

Interrogé de ses noms, surnoms, âge, qualités, lieu de naissance et demeure :

A répondu se nommer louis-henri Duchesne, âgé de 58 ans, ci-devant premier commis des bureaux de Trudaine, et depuis intendant de la maison de la ci-devant Madame, natif de Paris, et y demeurant, maison Egalité, passage de Valois, au Lycée.

Le greffier donne lecture de l'acte d'accusation.

Après avoir entendu l'accusé en ses défenses et moyens justificatifs, le jugement suivant a été rendu.

Le tribunal, d'après la déclaration unanime du jury, portant : 1°. Qu'il est constant que même postérieurement au quatre décembre et neuf mars dernier, il a été composé, imprimé et distribué des ouvrages ou écrits, et fait des propositions, contenant provocation à la dissolution de la représentation nationale, et au rétablissement de la royauté en France,

2°. Que louis-henri Duchesne, âgé de 58 ans, originaire de Paris, ci-devant intendant de la femme nommée sous le despotisme *Madame*, est convaincu d'être l'auteur desdits écrits et propositions.

Faisant droit sur le réquisitoire de l'accusateur public, condamne ledit Duchesne à la peine de mort, conformément à la loi du 29 mars dernier, dont il a été fait lecture, et qui est ainsi conçue : « Quiconque sera convaincu d'avoir composé ou imprimé des ouvrages ou écrits qui provoquent la dissolution de la représentation nationale, et l'établissement de la royauté, ou de tout autre pouvoir attentatoire à la souveraineté du peuple, sera traduit au tribunal révolutionnaire et puni de mort; déclare les biens dudit Duchesne acquis et confisqués au profit de la république, conformément à l'article II du titre II de la loi du 10 mars dernier, dont il a été aussi fait lecture, et est ainsi conçu : « Les biens de ceux qui seront condamnés à mort, seront acquis à la république, et il sera pourvu à la subsistance des veuves et des enfans, s'ils n'ont pas de biens d'ailleurs ».

Ordonne que trois médailles d'argent, représentant les effigies de Louis XIV, Louis

XV, et Capet, le dernier, seront brisées au greffe du tribunal, et envoyées à la monnoie, pour être employées au profit de la république; comme aussi, que les écrits contre-révolutionnaires trouvés dans le domicile dudit Duchesne, seront lacérés et brûlés par l'exécuteur des jugemens criminels, au pied de l'échafaud, avant l'exécution dudit Duchesne.

Ordonne enfin, qu'à la diligence de l'accusateur public, le présent jugement sera mis dans les vingt-quatre heures à exécution, sur la place de la révolution, imprimé, lu, publié et affiché dans toute l'étendue de la république française, et par-tout où besoin sera.

L'exécution a eu lieu le même jour, vers les quatre heures de relevée.

Audience du même jour 22 brumaire, l'an 2e. de la république.

Affaire de la veuve MERVÉ.

Interrogée de ses noms, surnoms, âge, qualités, lieu de naissance et demeure :

A répondu se nommer marie Chasle, veuve de françois Fontaine-Mervé, née à Angers, âgée de 62 ans, demeurante à la Flêche.

Le greffier donne lecture de l'acte d'accusation.

Les temoins entendus, les débats terminés, voici le jugement qui a été rendu :

Le tribunal, d'après la déclaration du jury, portant : 1°. qu'il a été tenu à la Flêche, les 29 et 30 août dernier, des propos tendans à empêcher des citoyens français à aller rejoindre l'armée républicaine, et à les porter à se réunir aux rebelles de la Vendée.

2. Que marie Chasle, veuve de françois Fontaine-Mervé, est convaincue d'avoir tenu lesdits propos.

3. Qu'il a été entretenu des manœuvres et intelligences criminelles avec les ennemis de la république, tendantes à faciliter leur entrée dans les départemens de la république française, et à ébranler la fidélité des soldats et autres citoyens envers la nation française.

4. Que ladite marie Chasle, veuve Mervé, est convaincue d'avoir entretenu lesdites manœuvres et intelligences.

Faisant droit sur le réquisitoire de l'accusateur public, condamne ladite veuve Mervé à la peine de mort, conformément à la loi,

Audience du 23 brumaire, l'an 2e. de la république française.

Affaire de POIRIER.

Interrogé de ses noms, surnoms, âge, qualités, lieu de naissance et demeure :

A répondu se nommer bertrand Poirier, âgé de 68 ans, ci-devant avocat, né à Richelieu, et demeurant ordinairement à Chinon.

Le greffier donne lecture de l'acte d'accusation.

D'après la lecture des pieces de conviction, le jugement suivant a été rendu :

Le tribunal, d'après la déclaration unanime du jury, portant : 1°. Qu'il est constant que depuis 1789 jusqu'à la fin de 1792, par des écrits composés à Chinon, département d'Indre et Loire, par des correspondances et voies criminelles, il a été pratiqué des manœuvres et intelligences, et formé des complots tendans à troubler l'état par une guerre civile, en armant les citoyens les uns contre les autres, et contre l'exercice de l'autorité légitime.

2°. Que bertrand Poirier, ci-devant avocat, domicilié à Chinon, est auteur de ces manœuvres, intelligences et complots.

Faisant droit sur le requisitoire de l'accusateur public, condamne ledit Poirier à la peine de mort, conformément à l'article II du titre premier de la seconde partie du code pénal, dont il a été donné lecture; déclare ses biens acquis et confisqués au profit de la république, sauf les exceptions portées par la loi : ordonne que le présent jugement sera exécuté dans les vingt-quatre heures, sur la place de la révolution, et que les écrits contre-révolutionnaires trouvés chez ledit Poirier, seront brûlés au pied de l'échafaud, par l'exécuteur des jugemens criminels; imprimé et affiché dans toute l'étendue de la république.

L'exécution a eu lieu le lendemain, vers midi, avec la veuve Mervé.

Audience du 23 brumaire, l'an deuxiéme de la république française.

Affaire de DODET.

Le tribunal, d'après la déclaration du jury, portant : 1°. qu'il est constant qu'il a été pratiqué des manœuvres et intelligences avec le nommé Leduc, émigré, et d'autres ennemis intérieurs et extérieurs de la république, tendans à favoriser leurs desseins criminels et contre-révolutionnaires, notamment en favorisant leur correspondances, et en leur faisant passer des secours en argent.

2°. Que Louis Dodet, âgé de 32 ans, ci-devant domestique, est convaincu d'être l'un des auteurs ou complices de ces manœuvres et intelligences :

Faisant droit sur le réquisitoire de l'accusateur public, condamne ledit Dodet à la peine de mort, conformément à la loi : déclare ses biens acquis et confisqués au profit de la république, sauf les exceptions portées par la loi : ordonne que le présent jugement sera exécuté sur la place de la révolution, imprimé et affiché dans toute l'étendue de la république.

L'exécution a eu lieu le même jour.

Audience du 24 brumaire.

Affaire de MANUEL.

Interrogé de ses noms, surnoms, âge, qualités, lieu de naissance et demeure :

A répondu se nommer Pierre Manuel, âgé de 40 ans, né à Montargis, et demeurant ordinairement à Paris, rue Serpente, homme de lettres, ex-député et ex-procureur de la commune de Paris.

Le greffier donne lecture de l'acte d'accusation

Différentes interpellations faites à l'accusé par l'accusateur public.

L'accusateur public. Vous étiez très-lié avec Pétion, Brissot, Kersaint, Vergniaux et autres membres de la faction.

L'accusé. Je n'ai jamais été avec eux.

L'accusateur public. Vous avez toujours voté avec eux, et comme eux; pourquoi avez-vous fait la motion perfide de faire fermer les tribunes?

L'accusé. Tous les jours je voyois que le peuple, ou du moins quelques individus de ce même peuple, menaçoient les députés qui ne leur plaisoient pas, soit lors des motions qu'ils faisoient, soit en les attendant aux portes de la convention nationale, après la levée des séances, pour les apostropher de la maniere la plus indécente, tandis qu'ils applaudissoient, à tout rompre, à d'autres; voilà ce qui m'avoit engagé d'user du moyen de défendre les improbations et approbations

à

l'instar des États-Unis ; car dans le congrès américain, on n'y applaudit pas ; cette motion dans le tems m'attira des ennemis : on m'en fit des reproches ; mais assurément je ne les méritois pas.

Germain Truchon, homme de lettres, dépose que, se trouvant membre de la commune du 10 août, il eut occasion de reconnoître, dans la personne de l'accusé, astuce et perfidie. (Le témoin entre ici dans les détails des oppositions que, d'accord avec Pétion, pour faire descendre Capet dans la tour du temple ; dans les appartemens du ci-devant palais attenant la cour ; des visites fréquentes que l'accusé, en sa qualité de procureur de la commune, faisoit à la famille Capet, de la demande faite par lui au conseil-général, pour en obtenir les arrêtés qui concernoient ce chef de conspirateurs, afin de les envoyer à son autre confrere le tyran prussien). Il ajouta, qu'un mandat du conseil-général, qui ordonnoit que Capet seroit mis en état d'arrestation, et que Santerre devoit mettre à exécution, a disparu du greffe le lendemain du 10 août, et que ce ne fut que le 13 que Capet fut conduit au Temple. Le déposant observe que l'accusé a fait tout ce qui dépendoit de lui pour qu'il n'y fut pas conduit, ayant proposé d'abord le Luxembourg, d'où il auroit été aisé aux partisans de la royauté de lui ménager les moyens de fuir; voyant qu'il ne pouvoit réussir, il proposa l'hôtel du ministre de la justice, parce qu'il savoit qu'il n'auroit pas été difficile de le faire échapper par les maisons de la rue Neuve du Luxembourg.

L'accusé. On interprete mes opinions sous les traits les plus noirs; je n'avois pas certainement l'intention que Louis Capet échappât à la justice légitime du peuple; mais je voulois, pour la gloire et l'honneur de la nation française, que jusqu'à ce que ce moment fatal fût venu, on le traitât avec l'égard et l'humanité qu'un grand peuple qui, ayant reconquis ses droits, accorde encore dans sa clémence à ses ennemis vaincus.

L'accusateur public. N'est-ce pas par votre influence, qu'après la journée du 10 août, le ci-devant prince de Poix, qui avoit été mis en état d'arrestation, a été mis en liberté?

L'accusé. Je n'ai jamais entendu parler de l'arrestation du prince de Poix; je sais seulement que le bruit en a couru.

La citoyenne Viala est entendue: elle dépose que se trouvant à la convention natio nale ; au moment où l'on terminoit l'appel nominal, elle vit l'accusé se lever du bureau, faire quelque pas, laisser tomber son mouchoir à terre sur un morceau de papier, ramasser l'un et l'autre, et sortir.

Les citoyens Champion, freres, déposent que, se trouvant à dîner chez une dame de leur connoissance, qui demeure rue Saint-Honoré, ils entendirent l'accusé dire à table que les départemens alloient venir à Paris.

L'accusé ne répond rien à ces dernieres dépositions.

Grand nombre de témoins ont été entendus.

Le président annonce que les débats sont terminés.

L'accusateur public et le défenseur de l'accusé ayant été entendus, le président a posé les questions contenues dans le jugement suivant.

Le tribunal, d'après la déclaration unanime du jury, portant : 1°. Qu'il est constant qu'il a existé une conspiration infâme contre l'unité, l'indivisibilité de la république, la liberté et la sûreté du peuple français.

2°. Que pierre Manuel est auteur ou complice de cette conspiration.

Faisant droit sur le requisitoire de l'accusateur public, condamne ledit Manuel à la peine de mort, conformément à la loi du 16 décembre 1792 (vieux style), dont il a été donné lecture ; déclare ses biens acquis à la république, conformément à l'article II du titre II de la loi du 10 mars dernier, aux exceptions portées par ladite loi; ordonne qu'à la diligence de l'accusateur public, le présent jugement sera exécuté dans les vingt-quatre heures, imprimé et affiché dans toute l'étendue de la république.

Observation sur *P. Manuel.*

Quand on a été suppôt de la police de l'ancien régime, quand toute sa vie, on n'a joué que les rôles d'escroc, d'intrigant, de faussaire, on doit naturellement finir comme Manuel, c'est-à-dire par faire la cabriole. Les Sans-culottes expéditifs qui penserent assommer Monsieur le procureur-syndic de la commune à Montargis, nous auroient fait grand tort. Nous n'eussions pas eu le délicieux plaisir de voir la triste figure de Pierre Manuel pérorant au tribunal révolutionnaire, & se ranger au panier avec ses illustres prédécesseurs.

Avis au lecteur.

J'ai présumé que mes concitoyens ne me sauroient pas mauvais gré d'avoir donné la préférence au procès d'Hébert dit Pere-Duchesne & compagnie scélérats de sa trempe.

Audience du premier germinal, l'an 2ᵉ. de la république française, à dix heures un quart du matin.

*Affaire d'*HEBERT et CONSORTS, *auteur & rédacteur d'un journal intitulé* LE PERE DUCHÊNE.

La séance a été ouverte par le citoyen DUMAS, président.

Les citoyens FOUCAULT, SOUBLEYRAS, BLAVETTE et MASSON, étoient juges; FOUQUIER, accusateur-public.

Le président a dit de faire entrer les jurés.

Ils sont entrés; ils étoient au nombre de treize, savoir: TRINCHARD, RENAUDIN, DEBOISSEAUX, LAPORTE, GAUTIER, DIX-AOUT, LUMIERE, GANNEY, FAUVETTI, DIDIER, TREY, TOPINO-LEBRUN, GRAVIER.

Le président a dit ensuite de faire entrer les accusés, & la séance a commencé par la prestation de serment des jurés, qui a été faite en présence des accusés, qui étoient au nombre de vingt;

Celui qui occupoit le fauteuil, a dit s'appeller jacques-réné Hébert, âgé de 35 ans, né à Alençon, département de l'Orne, demeurant rue neuve de l'Egalité, cour des Forges, section de Bonne-Nouvelle; avant la révolution, homme de lettres, & employé comme contrôleur des contre-marques au ci-devant théâtre des variétés, maintenant de la république; & depuis, membre de la commune du 10 août, électeur, membre de la commune provisoire, substitut du procureur de la commune, & enfin, substitut de l'agent national de la même commune, & rédacteur du journal intitulé : le *Pere Duchesne*.

Le second a dit s'appeller charles-philippe Ronsin, âgé de 42 ans, né à Soissons, département de l'Aisne, demeurant boulevard Montmartre, n°. 27; avant la révolution, homme de lettres, depuis, commissaire des guerres, ensuite commissaire-ordonnateur, ensuite adjoint du ministre de la guerre, & envoyé en cette qualité, à l'armée de la Rochelle, enfin général de brigade, puis général de division, & commandant de l'armée révolutionnaire.

Le troisième a dit s'appeller antoine-françois Momoro, âgé de trente-huit ans, né à

Besançon, département du Doubs, demeurant rue de la Harpe, nº. 171; avant la révolution et depuis imprimeur-libraire, et au premier août, nommé administrateur du département de Paris, et ayant été aussi notable-adjoint, électeur, membre du département de Paris, et commissaire du pouvoir exécutif dans les départemens de l'Eure, Seine et Oise, de la Seine et du Calvados.

Le quatrième a dit s'appeller nicolas Vincent, âgé de 27 ans, né à Paris, demeurant rue des Citoyennes, ci-devant Madame, section de Mutius-Scœvola, clerc de procureur, pendant cinq années, et depuis la révolution membre du comité de la section ci-devant du Théâtre-Français, ensuite électeur, membre de la commune du 10, commissaire du pouvoir exécutif, employé au ministère de la guerre, sous Pache, enfin, secrétaire-général de la guerre, jusqu'au jour de son arrestation.

Le cinquième a dit se nommer michel Laumur, âgé de 63 ans, demeurant à Paris, rue Croix-des-Petits-Champs, nº. 42, lieutenant-colonel, à la suite du régiment de l'Ile-de-France et de Bourbon, depuis la révolution, colonel du sixème régiment d'infanterie, ensuite général de brigade, ensuite nommé commandant de Caricut, aux Indes, et gouverneur de Pondichéry.

Le sixième a dit se nommer conrade Kock, âgé de 28 années, né à Heusdal en Hollande, demeurant en France, depuis 1787, époque de la révolution en Hollande, domicilié à Passy et à Paris, rue Neuve-de-l'Égalité, no. 314; avant la révolution, commis de Girardeau, Aller et compagnie, et en 1792, associé à la maison de banque de Certorius et compagnie, et en 1792, membre du comité révolutionnaire batave.

Le septième a dit se nommer pierre-jean Proly, âgé de 42 ans, fils du comte de Proly, receveur-général de la Belgique, et résident en France depuis le mois de septembre 1782, demeurant à Paris, rue Vivienne, n°. 7; avant la révolution, agioteur, et depuis la révolution rédacteur du journal intitulé : *le Cosmopolyte*, et envoyé commissaire auprès de Dumourier.

Le huitième a dit se nommer françois Desfieux, âgé de 39 ans, né à Bordeaux, demeurant à Paris, rue des Filles-Saint-Thomas, n°. 20; avant et depuis la révolution, marchand de vin de Bordeaux, juré du tribunal du 17 août, électeur et commissaire envoyé en Suisse par le ministre de la guerre et auprès de Dumourier.

Le neuvième a dit se nommer jean-baptiste Cloots, dit Anacharsis, âgé de 38 ans, né à Clèves dans la Belgique, fils du baron portant le même nom, demeurant en France depuis onze ans, ayant voyagé à l'étranger en plusieurs occasions, et demeurant à Paris, rue Menars, n°. 153, avant la révolution homme de lettres, et depuis membre de la convention.

Le dixième a dit se nommer jacob Pereyra, âgé de 51 ans, né à Bayonne, département des Basses-Pyrénées, commissaire du pouvoir exécutif dans la Belgique auprès de Dumourier, ensemble à Calais et Boulogne, demeurant à Paris depuis la fédération de 1790, vivant de son revenu avant la révolution, et depuis ayant établi une manufacture de tabac rue S. Denis, assesseur du juge-de-paix et vice-président de la section de Bon-Conseil, demeurant rue S. Denis.

Le 11e a dit se nommer m. a. c. Latreille, femme Quetineau, âgée de 35 ans, née à Montreuil-Bellay, département de Seine et Oise, demeurant à Paris depuis dix mois, et à l'époque de son arrestation, rue et maison de Bussy, n°. 1517.

Le 12e a dit se nommer florent j. a. Armand, natif d'Anchéyla, dép. de l'Ardèche, demeurant à Paris depuis dix mois, rue et maison de Bussy, même numéro; avant la révolution, clerc de son pere, notaire, en la ci-devant sénéchaussée de Villeneuve-Lever, depuis la révolution, secrétaire de la municipalité de Tours, département d'Indre et Loire, et élève en chirurgie.

Le 13e a dit se nommer j. b. Ancard, âgé de 52 ans, né à Grenoble, dép. de l'Isère, der . à Paris, rue des Mauvais Garçons, faubourg Germain, maison de Demouly, chaudronnier; avant la révolution, coupeur de gands, t depuis la révolution, en janvier 1793, envoyé par Pache à Mayence, pour la surveillance de l'équipement, et employé au départeme t de Paris, comme commis à la recherche des biens des émigrés, et au mois d'avril 1793, envoyé, par Bouchotte, à l'armée de la côte de Dunkerque, pour surveiller, et ensuite adjoint à Ronsin, commissaire de la Vendée et puis membre de la commission militaire de Tours, et garde-magasin général pour les poudres, armes et équipemens.

Le quatorzième a dit se nommer, frédéric-pierre Ducroquet, âgé de 31 ans, né à Amiens, département de la Somme; avant la révolution, perruquier-coëfeur et parfumeur, commissaire aux subsistances, ensuite commissaire aux accaparemens de la section de Marat, demeurant rue du Paon.

Le quinzième a dit se nommer, amand-hubert Leclerc, âgé de 44 ans, né à Cany, département de Seine-Inférieure, domicilié à Paris depuis octobre 1791 avant la révolution commissaire à terrier et archiviste de l'évêché de Beauvais, depuis la révolution, et le 11 juillet 1793, entré au bureau de la guerre comme sous-chef, puis comme chef de la deuxiéme division du bureau de la guerre, ayant donné sa démission de cette place après qu'il a été rayé des jacobins, demeurant rue Grange-Bateliere, n°. 10.

Le seiziéme a dit se nommer jean-charles Bourgeois, âgé de vingt-six ans, né à Paris, rue des sans-culottes, section de Mutius-Scœvola, n°. 241 ; avant la révolution, menuisier, et depuis la révolution, ingénieur, commissaire civil de sa section, ensuite électeur, depuis le 15 septembre 1792, nommé commissaire du pouvoir exécutif, pour aller surveiller à Thionville et à Longwi, et le 31 mai dernier, nommé commandant de la force armée de sa section, enfin, nommé membre d'un des comités de vérification du département de la guerre.

Le dix-septiéme a dit se nommer antoine

Descombes, âgé de 29 ans, né à Besançon, département du Doubs, demeurant à Paris depuis le premier avril 1791, et demeurant rue Sainte-Croix de la Bretonnerie, n°. 21; avant la révolution, garçon épicier, et depuis employé chez un maître de pension comme précepteur, puis électeur, membre du comité civil, et secrétaire-greffier de la section des Droits de-l'Homme, et enfin, commisaire dans les départemens pour l'arrivée des subsistances.

Le dix-huitième a dit se nommer albert Mazuel, âgé de 28 ans, né à Commune-Affranchie; avant la révolution, cordonnier, et puis dessinateur pour la broderie, demeurant alors à Montpellier, et à Paris depuis le 10 août 1792, nommé depuis la révolution capitaine du bataillon des fédérés du 10 août, ensuite aide-de-camp de Bouchotte, ministre de la guerre, puis chef du premier escadron de l'armée révolutionnaire, et commandant temporaire de la place de Beauvais.

Le dix-neuviéme a dit se nommer pierre-ulric Dubuisson, âgé de 48 ans, né à Laval, département de la Mayenne, demeurant à Paris, section de la Montagne, rue Honoré, n°. 1547; avant la révolution homme de lettres, ayant eu trois missions du conseil exécutif; la première auprès de Dumourier, pour passer avec lui en Hollande, la seconde à l'armée du Bas-Rhin et dans la Suisse, pour objets de surveillance et de commerce; la troisiéme en Suisse, pour objets de diplomatie.

Le vingtiéme et dernier a dit se nommer jean-baptiste Laboureau, âgé de 41 ans, né à Arny-sur-Arau, département de la Côte-d'Or, demeurant à Paris, rue de la Harpe, n°. 160, étudiant en médecine et élève en chirurgie, maître de dessein et paysages; depuis la révolution, nommé secrétaire du comité révolutionnaire de la section de Marat, membre de ce comité, enfin, premier comis du conseil de santé qui existe auprès du bureau de la guerre.

Après avoir pris les noms des accusés, le président les a avertis d'être attentifs à tout ce qu'ils alloient entendre, et le greffier a fait lecture de l'acte d'accusation.

Grand nombre de témoins entendus.

Les débats terminés, les défenseurs officieux entendus dans leurs plaidoieries:

Le jugement suivant a été rendu.

La déclaration du juri portant qu'il est constant qu'il a existé une conspiration contre la liberté & la sûreté du peuple français, tendant à troubler l'état par une guerre civile, en armant les citoyens les uns contre les autres, contre l'exercice de l'autorité légitime, par suite de laquelle, dans le courant de ventôse dernier, des conjurés devoient dissoudre la représentation nationale, assassiner ses membres & les patriotes, détruire le gouvernement républicain, s'emparer de la souveraineté du peuple, & donner un tyran à l'état.

Que Hébert, Ronsin, Vincent, Momoro, Ducroquet, Kock, Laumur, Bourgeois, Mazuel, Ancard, hubert Leclerc, Pereyra, femme Quetineau, Cloots, Desfieux, Descombes, Armand, Dubuisson, Berthol-Proly, sont convaincus d'être les auteurs ou complices de ladite conspiration.

Le tribunal, après avoir entendu l'accusateur-public sur l'application de la loi, les condamne à la peine de mort, conformément à l'article II de la deuxiéme section du titre premier de la deuxieme partie du code pénal, dont lecture a été faite.

Déclare les biens desdits condamnés acquis à la république, conformément à l'article II du titre II de la loi du 10 mars dernier, dont il a aussi été fait lecture.

Ordonne, qu'à la diligence de l'accusateur-public, le présent jugement sera mis à exécution dans les vingt-quatre heures, sur la place de la révolution de cette ville, imprimé, publié & affiché dans toute l'étendue de la république.

Fait & prononcé à l'audience publique du tribunal, le quatre germinal, l'an second de la république française, où étoient présens les citoyens réné-françois DUMAS, vice-président, étienne FOUCAULT, étienne MASSON, charles BRAVET, & pierre SUBLEYRAS juges, qui ont signé la minute du présent jugement avec le gréffier.

OBSERVATION sur *Hébert*, titré de Pere-Duchesne, qui en abusa pour conduire les vrais sans-culottes dans la rue de Tournon.

Quand le Pere-Hébert-Duchesne fut en colere, c'est que ses complices ne vouloient point se prêter à ses vues, & qu'ils prétendoient en employer de meilleures pour la destruction totale de la république française. Quand il fut joyeux, c'est qu'il accapara l'assentiment de ses semblables, & ce fut ainsi que le peuple fut trompé. Peuples, désabusez-vous! Il vient un tems où votre justice souveraine éclate: ce tems est arrivé, & les scélérats couverts d'un masque patriote, danseront ce que nous aimons, la carmagnole ou la guillotine; l'une vaut bien l'autre.

A cette suite infernale nous en joindrons bien d'autres, mais qui scélérats décidés, ne portoient pas comme Hébert-Duchesne, le caractere, le masque & la caricature d'un fripon décidé; mais ils se couvroient de son manteau, & le couvre-sot d'Hébert ne peut être comparé qu'à une caverne de voleurs où se réfugioient Hébert & ses acolytes.

AVIS.

TISSET avertit ses concitoyens que le troisième volume paroîtra sous peu ; qu'il contiendra les causes intéressantes des jugemens rendus dans les différens départemens de la république française.

Fin de la seconde partie.

De l'imp. de VEZARD et LE NORMANT, rue du Muséum.

www.ingramcontent.com/pod-product-compliance
Ingram Content Group UK Ltd.
Pitfield, Milton Keynes, MK11 3LW, UK
UKHW020554180726
13838UKWH00001B/245

9 782019 702205